W0318087

José María Guelbenzu

La Tierra Prometida

PLAZA & JANES EDITORES, S. A.

Portada de

Mistral. Toda la ciudad habla de ello. Pintura de EDUARDO ARROYO

Primera edición: Abril, 1991

Quedan rigurosamente prohibidas, sin la autorización escrita de los titulares del «Copyright», bajo las sanciones establecidas en las leyes, la reproducción parcial o total de esta obra por cualquier medio o procedimiento, comprendidos la reprografía y el tratamiento informático y la distribución de ejemplares de ella mediante alquiler o préstamo públicos.

© 1991, José M.ª Guelbenzu
Editado por PLAZA & JANES EDITORES, S. A.
Virgen de Guadalupe, 21-33. Esplugues de Llobregat (Barcelona)

Printed in Spain — Impreso en España

ISBN: 84-01-38188-6 — Depósito Legal: B. 12.945 - 1991

Impreso en Printer, Industria Gráfica, S. A.
Sant Vicenç dels Horts (Barcelona)

para
Delia Piris
y Hugo Gaitto
e
in memoriam
Néstor Insúa.

PRÓLOGO

El hombre acomodó el cuerpo en el espacio derecho del ventanal y dejó que la bolsa de viaje descansara a sus pies; luego apoyó la cabeza en el marco mostrando el perfil a contraluz. Andrés Palacio, que observaba la indecisión de la claridad a través de la cristalera, reconoció el perfil al instante.

—Mansur —se dijo sinceramente asombrado—. Cuánto tiempo. Quién lo hubiera pensado.

Quizá la aflicción que venía sintiendo en el aeropuerto llegó cuando la lluvia se volvió oscura. La noche le había atormentado sin pausa y al amanecer tuvo que preparar su maleta y abandonar el hotel mientras llovía. Estaba acostumbrado a partir de esta manera pero esa mañana en que la primera luz nacía muerta le encogió el corazón. La lluvia arreció mientras aguardaba el taxi. Luego se hizo oscura y le acompañó hasta el aeropuerto. Allí oscureció tanto que hubo de volver la vista al interior de la gran sala de cristaleras, fría como un témpano, en busca de luz. Hasta donde alcanzaba con la vista, el suelo recogía con un reflejo hiriente las columnas, los mostradores, las paredes encristaladas, el suelo pulimentado. Él seguía mirando, rodeado de gente que dormitaba con la boca abierta, esos racimos irregulares de gotas de agua que se estrellaban a ráfagas en las cristaleras como súbitas apariciones que luego escurrían estremecidas.

—Mansur —repitió lentamente, como haciendo un esfuerzo que provenía no tanto de la dificultad del reconocimiento como de la maquinaria de la memoria—. López Mansur. Sí, es él, Mansur. Cuánto tiempo.

Esta vez miró hacia donde le parecía que se encontraban los ojos del hombre a contraluz; el otro había acabado por volver la cabeza, pero no tuvo constancia de ellos hasta después de un tiempo quizá brevísimo en que el gesto de Mansur al descolgar la pierna derecha de la anteventana en que se reclinaba le dio a entender que él también le había reconocido y se disponía a saludarlo. Entonces hizo un gesto vago de acercamiento abriendo un poco las manos y, en seguida, se ajustó el abrigo sobre los hombros al ponerse en pie. Otro golpe de lluvia se estrelló contra la cristalera pero lo sintió además dentro del pecho. Luego se saludaron los dos ceremoniosamente en aquel lugar fuera del mundo.

Odiaba aquellos viajes, trayectos profesionales que le devolvían a casa con una extraña mezcla de desfondamiento y serenidad.

Últimamente, sin embargo, venía sintiendo en ellos —más que en el espejo o en la familia— el paso del tiempo. En la duración de cada vuelo se le aparecían cada vez más anónimos compañeros de viaje a menudo más jóvenes; esto no le producía agresividad ni frustración pero comenzaba a inquietarle la relación que, en la frecuencia de esos tiempos muertos de cada vuelo, establecía entre ellos y su propia idea de desfondamiento. Había hecho ya todas las bromas posibles acerca de las nuevas generaciones, el relevo, pero las pacientes mareas de impresiones fluían en un mar interior que no dejaba de agitarse. Además estaba cansado. «Físicamente cansado, por supuesto», dijo.

—La vida —dijo Mansur.

La casualidad del encuentro. El vuelo de Mansur estaba

retrasado a causa de un problema técnico anunciado por los altavoces con inquietante imprecisión. El suyo, también a Madrid, partía media hora después. Veinte años. Primeras horas de la mañana. Un aeropuerto en el corazón de Alemania. El reconocimiento, en el tiempo sin destino de una sala de espera, es como el de dos heridos en el mismo campo de batalla: La necesidad se antepone a cualquier otra consideración. Pensó que era curioso aquel cruce de partidas en una misma dirección por el que dos líneas aéreas diferentes les separarían de nuevo, seguramente para siempre.

En este caso se trataba de un verdadero reconocimiento. El último encuentro databa de veinte años atrás, quizá más, en un café del barrio universitario, casi al término de la carrera en la que coincidieron durante los cinco años lectivos. Recordaba con más exactitud el motivo que el año en que sucedió: Recuperar el viejo bolígrafo de plata que siempre llevaba a los exámenes como un símbolo de fortuna y que entonces creyó perdido hasta que López Mansur le citó en el café. Aquel bolígrafo procedía de su padre, en realidad era una transmisión y un regalo a la vez, para celebrar su ingreso en la Universidad; le trajo suerte, o él lo creyó así, a lo largo de los cinco años de carrera, hasta que lo extravió, para su desesperación, en una de las últimas pruebas. Sólo la llamada de López Mansur consiguió hacerle recordar que se lo había prestado antes de abandonar el aula. El deseo de relajarse tras lo que consideraba una más que brillante exposición escrita de un tema que conocí a fondo, hizo que lo olvidara en otras manos. Mansur telefoneó una semana más tarde, dando así fin a su consternación. Y ahora observó a Mansur mientras un aviso destellaba en su mente por primera vez veinte años más tarde; porque, ciertamente, el bolígrafo había estado toda una semana en poder de Mansur; toda una semana por la que extender ahora una inesperada sospecha.

Estaba hablando con Mansur. Allí, en el café, le había hecho una oferta por el bolígrafo después de devolvérselo.

Mansur acababa de mencionarlo; de no haberlo hecho, jamás hubiera rescatado este segundo detalle del fondo de la memoria y ahora le asombró. Lo habría dado por perdido, entonces, de no haber telefoneado el otro. Un gesto de honor. De hecho, volvió a perderlo después, no recordaba cuándo, esa vez para siempre. Mansur dejó pasar una semana, luego se ocupó de buscarle y devolverlo y, a continuación, le había hecho una oferta para cambiarlo de mano mediante un acuerdo económico. ¡Había querido comprárselo! López Mansur no pudo evitar un leve gesto de desagrado al saber ahora de la definitiva pérdida del bolígrafo. Palacio no pudo evitar preguntarle por el valor que concedía aún hoy a aquel objeto que él, desde luego, había escondido de modo concluyente en su memoria. La media sonrisa de Mansur le hizo pensar que estaban ya en el término de toda conversación, pero éste dijo: –Era una expresión de la belleza–. Eso era incómodo. Quizá por cambiar, mencionó a continuación el nombre de Auschwitz, pero sin venir a cuento, pensó mientras continuaba hablando.

Para él era uno de los nombres propios del horror, como Treblinka o My Lai o Tlatelolco. Un nombre propio que, más que haberles dañado, ondeaba sobre sus cabezas, emblemas izados en un mástil a cuyo pie ellos apilaban, como tierra al pie de los árboles frutales durante el invierno, las fechas y lugares de la resistencia antifascista en la Universidad. Todos aquellos nombres propios representaban a una Humanidad sufriente y humillada tratando de sobrevivir y así se los aplicaban, con la solidaridad existente entre los perseguidos por los regímenes autoritarios del mundo entero. Sólo un extraño reflejo le hizo advertir, a tantos años de distancia, lo que estuvo oculto a su entendimiento durante el tiempo que duraron los estudios; porque allí en el aeropuerto, mientras le veía acomodado en el ventanal, después de reconocerle, exigió imperiosamente a su memoria que le trajera el nombre y cuando éste llegó le sonó como debía, un apellido de converso.

–López Mansur, ¿verdad? Tú eres Mansur –había dicho mientras el otro sonreía débilmente y su sonrisa le aliviaba también a él. –Y tú Palacio, Andrés Palacio– y Andrés asintió y dijo: –Todavía no hemos cambiado lo suficiente.

El cielo, entre perlino y plomizo, rodeaba el ámbito de la cafetería de una manera oprimente. Más allá de los ventanales, grandes planos de sombra empalidecida se entrecruzaban y esfumaban los bordes mustios de un alba que pugnaba por no desaparecer del cuadro celeste, como si la dureza del despertar aún estuviera impregnada por una incierta melancolía de la noche reciente.

Auschwitz; tan extraño para él y tan cercano a Mansur en la época en que compartían las lecciones de Derecho entre los muros de la Facultad. López Mansur añadía a las cicatrices familiares de la guerra civil de los demás las del campo de exterminio de Auschwitz. Jamás habló de ello en la Universidad o al menos él no lo recordaba; un descendiente de conversos cuya familia hubiera sido deportada a Auschwitz era una noticia que se hubiese conocido en los círculos progresistas de la Facultad de inmediato y él la recordaría, pero no la recordaba.

–Mansour –lo pronunció en francés–. Creo que había unos Mansour, una rama francesa de la familia. Por lo visto eran judíos. Mi bisabuela era francesa. Yo creo que serían judíos árabes. A los que vivían en París los encarcelaron primero en Drancy y después los llevaron a Auschwitz. No sé si murieron todos. De los parientes franceses sólo viven unos que lograron llegar a Tánger. Mis padres tuvieron las primeras noticias de ellos cuando alcanzaron Tánger. Yo debía estar ya cerca de mi nacimiento, calculo.

No supo discernir lo que sucedía tras el rostro de su interlocutor; la voz no revelaba emoción. Estaba cansado y dejó de pensar. Luego volvió a ello: ¿Acaso el Holocausto estuvo presente en la vida de Mansur con más fuerza que la propia guerra civil? No lo adivinaba en su rostro, ni en la mirada. López Mansur hablaba mirando a su café, frío e intacto;

mientras, con las yemas de los dedos pinzaba continuamente las migajas desprendidas del croissant que se había comido en unos segundos y sólo de vez en cuando alzaba los ojos hacia él, con la misma ausencia de emoción. Hablaba tratando a las palabras como a las migajas del croissant. Se preguntó también si no serían los años que los separaban de aquella época los que agotaban ya el encuentro. La primera efusión era más un producto de la sorpresa que de la cordialidad. Se preguntó, en fin, por qué diablos éste era el único tema de conversación que se le ocurrió tras el primer silencio que amenazó la agitación del encuentro. Aquel apellido, Mansur.

—Es deprimente, este cielo —dijo señalando al otro lado de los ventanales que les circundaban.

López Mansur dejó de apiñar y pinzar las migajas y le miró a los ojos. Sonreía levemente con los suyos, no con sus labios. El flujo de aquella mirada era lento. Extrajo un paquete de cigarrillos y ofreció uno a Andrés, en silencio.

—Tú tampoco tienes muy buen aspecto que digamos —dijo por fin. Andrés esbozó una media sonrisa. Entretanto, el silencio se estaba posando de nuevo, como el polvo que, tras un soplido, permanece en suspensión unos segundos y luego va cayendo. Entonces el aguacero repiqueteó en toda la cristalera y Andrés deseó estar en su casa de El Árbol escuchando la caída de la lluvia sobre la tierra. Estaba ausente pero volvió. Mansur le observaba con más curiosidad que insistencia. Era el sonido del agua en la cristalera lo que le irritaba.

Pero habían hablado de Auschwitz y el otro le miraba de aquella manera. Trató de recordar por qué había salido el asunto a relucir pero ya lo había olvidado. A medida que transcurrían los minutos su mente se iba despoblando de ideas y recuerdos. Entonces Andrés habló de su reciente viaje a Alemania. Era uno de tantos pero esta vez vio algo que le había dejado atónito. Primero lo vio en Stuttgart pero sólo alcanzó la cabal revelación al recorrer Colonia. Hasta entonces, el bombardeo de ciudades hasta el arrasamiento lo tenía asociado a unos pocos nombres míticos, como Guernica o Coventry. Nunca había estado en Coventry ni tenía intención de hacerlo pero en ese día de su viaje, ante la maltratada catedral de Colonia rodeada por una ciudad que había sido reconstruida íntegramente piedra a piedra, pared a pared y tejado a tejado, comprendió que por primera vez veía una ciudad arrasada, reducida a la devastación y el desastre, y al verlo, el espejo de la Historia le devolvió una imagen que no le permitía ordenar sus ideas como lo había hecho hasta ahora. Unos y otros aniquilados, *todos* destruidos, como si la guerra no fuera más que el sinsentido despierto y entrópico de un oscuro poder.

Mansur miró el papel que acababa de encontrar en el bolsillo de su gabardina. Era un recibo de tarjeta de crédito. En el dorso estaba transcrito el texto de un graffitto que había hallado en una pared de la Universidad la mañana anterior, mientras aguardaba la hora de una entrevista con el jefe del departamento de español. *No eres nadie / vete de mi vida / nunca vuelvas a mí / es tarde*. Estaba escrito en español. «Si es tarde no es nadie, es alguien», pensó ahora, al verlo. Por qué se había llevado consigo ese pedazo de desolación que no era suyo. Palacio continuaba hablando.

«Este imbécil –pensaba mientras tanto Mansur– debe creerse que soy judío. Con la cantidad de apellidos de origen judío que hay en España y tiene que venir a hablarme a mí del Holocausto y de la Alemania arrasada. Qué habrá sido de él desde que abandonó la Universidad, me pregunto.»

De pronto Palacio comprendió que no estaba atendiendo a la conversación, que no le interesaba porque no le interesaba el tono en el que le hablaba; del tono en que a uno le hablan puede deducirse el vigor de las ideas que lo sostienen. De pronto el cansancio le llenó el cuerpo, como la lluvia el ánimo, como la frialdad el recinto donde se hallaban ante un par de cafés helados. La inmensa sala era como un gran témpano; hasta donde llegaba la vista, el suelo repulido reflejaba con un brillo hiriente y seco las columnas, los mostradores, las sillas, la gente, era una pátina que recogía todas las perspectivas que el juego de aristas y líneas de fuga trazaba ante los ojos de Mansur y de Palacio, entumecidos por la aurora plomiza y la humedad que destemplaba los cuerpos con sólo verla al otro lado de las cristaleras, ráfagas incontables de gotas de agua estrelladas y en las que vibraban por unos segundos, en el interior del desapacible vestíbulo, los escalofríos del exterior.

Mansur también recordaba el bolígrafo de plata. Era un bolígrafo algo grueso, muy redondeado en la cabeza y el pie, lo que le daba un aspecto pesado pero elegante, con una presilla en forma de serpiente reptante. Ahora pensaba en el bolígrafo –mientras ambos hablaban de la forma de constancia que representaba la presencia del Holocausto como una lámpara votiva en la conciencia del mundo– y lamentaba haberlo devuelto en aquel tiempo. Una semana de lucha entre su conciencia y la fascinación que sentía por un objeto cuya belleza y distinción deseaba apropiarse, dio como resultado la devolución. Hoy no lo hubiera hecho, pero hoy tenía muchos años más que aquel adolescente hechizado. Palacio, por su parte, entendió que debía apreciarlo a juzgar por el modo en que habló de él la tarde en que se lo devolvió y sólo ahora se le ocurría pensar que quizá el retraso se debiese a la tentación de quedárselo o, al menos, a la de poseerlo durante unos días; y volvió a mirar a Mansur, no con sospecha sino con extrañeza, como si no lo hubiera conocido nunca. En cierto modo, ahora, en el aeropuerto, se encontraban en una situación similar. Hubieran bastado unas palabras antes, al reconocerse, unas palabras triviales cruzadas en pie, para deshacer el saludo y cada uno estaría ahora en un extremo distinto del gran vestíbulo inhóspito aguardando su vuelo; como alargó aquella entrevista sin motivo, alargaba ahora este encuentro, siempre actuaba de la misma manera. La propia falta de contenido del encuentro le había obligado a entrar en zona indeseada, al menos a posteriori, una curiosa falta de reflejos que no se daba en otros aspectos de su vida y quizá tampoco en los de Mansur. Pero lo había hecho y, sintiéndose muy cerca de la frivolidad, momentáneamente apartado el cansancio, volvió a pensar en el bolígrafo mientras seguía hablando de la reconstrucción de Alemania y preguntándose si no habría que dejar de recordar todos los días la presión de la culpa, si no debería alguien recordar que tampoco en Alemania quedó piedra sobre piedra mientras los aliados avanzaban sobre el búnker del maldito loco en quien los alemanes habían depositado su alma y su destrucción.

Sólo más tarde pensó que Mansur no había contestado a sus comentarios; es decir, no había mostrado otro interés que el de cortesía ante lo que, desde el amanecer, le atormentaba el ánimo tras la visita a Colonia, a la quebradura de las líneas de seguridad de sus convicciones; todo estaba revuelto desde entonces, incluidos los nervios y el cansancio a estas alturas del año. Lo que le estremecía, sin venir a cuento, sin entenderlo, era Colonia hecha polvo, Coventry hecho polvo, el vietnamita con su pequeño saco de arroz y su fusil escondido bajo tierra hecho polvo y el marine que se acercaba a la trampa donde le aguardaba el otro con los nervios hechos polvo, los estudiantes en la plaza de las Tres Culturas escondiéndose de la balacera, ¿detrás de qué?, ¿de los que iban cayendo acribillados?: Lo que le importaba era su propia vida hecha polvo, sus problemas hechos polvo, el agujero tremendo por el que se le colaba todo esto en el cuerpo hinchado como un odre de nervios, expulsando sus pertenencias vitales, sus convicciones, lo que le diferenciaba de los otros, de Mansur incluso.

Mansur pensó en sí mismo mientras miraba las bolsas bajo los ojos de su antiguo condiscípulo. Llevaban muchos minutos hablando de nada y esperando el aviso de vuelo que los separase. Pensó que era una de esas ataduras invisibles pero prácticas, inevitablemente prácticas, la que los ligaba de modo que sólo un agente externo tenía poder para desatarlas. Encendió otro cigarrillo y decidió seguir esperando. Era un modo de no pensar en sus cosas.

De repente los cielos se abrieron en tromba, a dos pasos de ambos, que ya abandonaban la cafetería. El panorama de la pista, que podían contemplar deformada a través de los canalillos de agua que escurrían nerviosamente por las cristaleras, desapareció de su vista en un instante sustituido por el martilleo de las gotas aplastándose brutalmente contra el edificio. Y como si la cortina de lluvia hubiera sido la excusa que Palacio implorase desde su interior minutos antes, Mansur inició la despedida, aprovechando el desconcierto, y el adiós fue tan brusco como preciso. Todo lo que acababa de suceder quedaba cancelado –la pregunta, el bolígrafo, Colonia..., todo excepto el cansancio. La masa de lluvia extendía dentro y fuera una atmósfera plomiza tan intensa que parecía estar borrando también la figura de López Mansur, que ya se dirigía a otra planta caminando despacio pero con decisión, haciéndose anónimo entre la gente que se movía de un lado a otro con el característico titubeo de las primeras horas de la mañana en viaje. Y cuando le vio desaparecer así, entendió que nunca volvería a verle, que su figura se desvanecía tras el feroz aguacero como el fantasma que se diluye en la niebla. Lo contemplaba con una atención hipnótica y al hacerlo fue dejando vagar su espíritu hasta que los pensamientos perdieron sus propios contornos, como la misma cortina de agua grisácea, y de entre las sensaciones que quedaron flotando por el interior del cuerpo, una creció en seguida apoderándose de su ánimo del mismo modo que antes de la tormenta las nubes succionan en un instante la luminosidad del día y suspenden en el aire un silencio sombrío al que sigue el chasquido formidable de toda el agua contra las cosas. Así fue como sintió, sacudido por una intensa destemplanza repentina, que al tiempo que Mansur desaparecía, él desaparecía también, por el mismo camino y de la misma manera.

PRIMERA PARTE

Cuando Rio entró en el *Union Bar* a última hora de la tarde, lo primero que vio, una vez que sus ojos se acostumbraron a la rojiza oscuridad del lugar, fue a Baker hecho un guiñapo en la esquina madre de la barra. La barra del *Union Bar,* orgullo del local, era una formidable pieza de madera de roble, con doble perfil volado en el borde superior y un posabrazos cilíndrico de la misma madera unido al cuerpo central, bajo el volado, por unas abrazaderas de bronce; el parejo posapiés, todo él de bronce, se desviaba ligeramente de la vertical del primero hacia el pie de la barra, para permitir el apoyo natural de la pierna semiflexionada del bebedor empedernido. Era una barra que formaba un rectángulo perfecto con las dos paredes que la acogían; las dos paredes estaban forradas de estanterías en las que se alineaban todas las bebidas que el hombre había sido capaz de destilar en la edad contemporánea. El local era un rectángulo tres veces más grande, con una balda corrida donde apoyar las consumiciones; la balda sólo se interrumpía en el hueco de la puerta de calle. Existía otra puerta, al fondo, sin inscripción alguna, de la que colgaba un gran blanco de dardos; correspondía al servicio de damas y caballeros que concurrían al local y cuyo físico peligraba seriamente cada vez que se veían obligados a entrar o salir por ella.

Baker sufría en silencio mientras sonaba por los altavoces el *Cheek to cheek* en versión de la Pasadena Roof Orchestra. Cuando Baker fundó con los dólares de su padrastro y el apoyo incondicional del selecto club de futuros clientes el *Union Bar,* impuso la condición de amenizar las conversaciones con el sonido de la Pasadena a medio volumen, sonido que consideraba ideal para un imaginado tipo de cliente soñador, nostálgico y solitario que jamás llegó a trasponer el umbral espontáneamente pero al que seguía esperando con la paciencia con que sólo un auténtico bar es capaz de desarrollar su manera de atender el paso de la vida. Así que siempre sonó la Pasadena, hasta que gente como Rio se ocupó pacientemente de dar el cambiazo de vez en cuando con otras formaciones: el cuarteto de Benny Goodman con Teddy Wilson y Lionel Hampton o un escogido repertorio de los Ellingtonians. Como Baker no advirtiera diferencias, renovó el fondo conservando un par de cassettes de la Pasadena y fijó el orden de audiciones. «La calidad es el clima» –arguyó sin admitir respuesta– «y» –añadió– «la única manera de escuchar siempre lo mismo».

Baker, derrumbado en la esquina madre de la barra, era la viva imagen del abatimiento y el dolor. Rio lo supo incluso antes de acostumbrar sus ojos a la oscuridad rojiza. Baker sabía hacer llegar al ánimo de todos su propio estado de ánimo, era un invasor, pero esto sólo ocurría en el *Union Bar*. Todo el mundo decía: «Sí, es un poco plasta con sus sentimientos elementales pero, claro, es un chico de Arkansas, imagínate.» Era lo que todos decían cuando alguien de fuera esbozaba algún comentario sobre los pringosos sentimientos elementales de Baker. El propio Rio repetía a veces una frase extraída de un western de serie B: «Muchachos, no hay domingos al norte de Arkansas.» En un lugar así los sentimientos elementales debían ser como el rocío de la mañana en la superficie del desierto.

Baker procedía de Arkansas. Cuando abrió el *Union Bar,* un primer grupo de clientes, castizos y cinéfilos, situó ese Estado entre Oregón y Wyoming, de lo que Baker obtuvo una imagen no muy precisa de tipo rudo e iletrado pero tenaz y de buen corazón y pringosos sentimientos. Sin duda este retrato provenía de una bien sedimentada confusión cinematográfica. La llegada del Rio tuvo entre otras consecuencias la de permitirle recitar ante sus atónitos oyentes el total de Estados fronterizos con Arkansas, a saber: Oklahoma, Missouri, Tennessee, Mississippi y Louisiana. La revelación provocó un cataclismo entre la clientela cinéfila y Arkansas fue inmediatamente elevada de rango. El hondo prestigio de aquellos nombres del celuloide causó su efecto y sólo algún exquisito murmuró que «quizá Arkansas no sea *exactamente* lo que nosotros llamamos el Sur».

Rio, con la determinación en el gesto de quien ha tomado un asunto de su mano, fue a acodarse en la esquina de la barra donde Baker, casi agotado por lo que se presumía un largo desgaste físico y psíquico que debió haber comenzado cuando menos al mediodía, a juzgar por las señales externas de su consternación, languidecía sin remedio. Esa esquina de la barra del *Union Bar,* la más recogida, solía estar reservada a los íntimos, pero no era corriente hallar sentado ante ella a Baker, salvo en aquellos momentos en que el local se encontraba vacío y su propietario aprovechaba el momento para limpiar las hojas que la famosa aralia lucía allí, en la barra, junto a la pared, desafiando con el descaro de una *pin-up* las leyes de la función clorofílica. Hasta los clientes más constantes e incluso el propietario necesitaban de vez en cuando la luz, el aire. Ella no. Baker acostumbraba a leer a su vera el *Herald Tribune* acompañándose de una taza de té muy cargado cuyos posos solía recoger en un pocillo esmaltado en rojo que, a la hora de cerrar, esponjaba con agua y unas gotas de brandy y vertía en la maceta de la famosa aralia, que así crecía y así levantaba el orgullo de todos como símbolo de la energía del local. Era la reina del bar.

López Mansur era cliente asiduo del *Union Bar*. Primero conoció a Baker y a ese grupo de gente de incurable nostalgia sustentada en la oscuridad de los cines de barrio por nombres que un día encendieron sus ávidas mentes infantiles, tales como Wichita, Niagara Falls, Baton Rouge o Tuscaloosa. Después, conoció a la aralia y se enamoró perdidamente de ella. En opinión de López Mansur, aquél era una suerte de club en el que cada cual, al penetrar en él, se despojaba de su profesión y de su vida para volver a hablar de la vida desde el sueño y la melancolía de lo que nunca fue y que tampoco lamentaba, porque el tiempo, a diferencia de la mar, no devuelve ni los cadáveres de sus víctimas.

Time is the mercy of the eternity, había escrito directamente en la pared de la esquina López Mansur, omitiendo el nombre de William Blake al pie porque le disgustaba santificar las citas. Quienquiera que bebiese cerca de la aralia pronto o tarde acababa por leerla y en verdad que dentro del recinto parecía hacerse cierta aquella sentencia. A todos los asiduos del club –que eran tan asiduos y tribales como circunstanciales y dispersos los clientes de ocasión a partir de la medianoche– la oscuridad rojiza los aproximaba como el flujo de chispas de un arco voltaico; era entonces cuando hablaban: En la gratitud del tiempo, libres de sus formas terrenales, arrojando sobre la barra o el blanco de dardos cuanto su imaginación, su memoria y sus deseos apetecían, sin otra cortapisa que la idea de eternidad trazando la frontera del ensimismamiento colectivo. Allí dentro el tiempo, *mercy of the eternity,* era propiedad suya y estaban tan decididos a retenerlo que nadie toleraría que escapase ni el humo de sus cigarrillos. Lo usaban también con un vago deseo de eternidad, como un reflejo. La eternidad es un vicio del tiempo porque éste es como el agua que corre por el cauce y aquélla como el agua que se embalsa; todos los hombres desean el vicio, pero a todos los remansa el tiempo para que la muerte les engañe.

–¿Por qué? ¿Por qué ella...? –sollozó de pronto Baker.

Rio vio acercarse a Gómez y le hizo señas de que se apresurase.

–Por Dios –le dijo señalando a Baker con un gesto–. No es posible que haya vuelto a beber; nunca bebe durante el trabajo desde... –dudó– sí, desde el sexto reencuentro.

–¿Se puede saber de qué hablas? –preguntó Gómez con su característico soniquete irritado–. No sé si te das cuenta, pero te pasas el día mascullando.

–No mascullo, abuelo –contestó Rio alzando exageradamente la voz–. Y usted no debería salir a tomar sin la trompetilla.

–Mascullas. Mascullas como un viejo gambusino haciendo confidencias a su mula –insistió–. ¿Qué pasa con Baker?

–Y... Lleva así desde que llegué –contestó Rio.

–¿No habrá vuelto *ella*? –preguntó Gómez.

Romántico incurable como casi todos los veteranos del local, Baker llevaba seis años sin decidirse a abandonar a la mujer de su vida. Los veteranos trataban de convencerle para que diera el paso definitivo; de hecho lo había dado ya seis veces pero siempre volvía a ella porque afirmaba no sentirse todavía lo suficientemente maduro como para soportar tal decisión.

–Pero si ella ha vuelto... –comenzó a decir Gómez para interrumpirse de pronto, transfigurado–. ¡Oh, qué horrible sospecha! –exclamó volviéndose en redondo para mirar al lugar donde hasta un segundo antes Baker había tenido la cabeza entre las manos con gesto de desesperación.

La aralia yacía, desplomada más que doblada, sobre su propia maceta; tan sólo el tallo manteníase erguido aunque preludiando el declive penoso; las ramas estaban ya vencidas, como arrastradas por la morbidez de las hojas que colgaban desfallecientes y, en general, toda la hermosa planta, que fuera ejemplo de energía para alcohólicos, de vigor y belleza entre las sombras mefíticas del antro, ofrecía un aspecto tan lastimoso de reblandecimiento en su cuerpo y en sus nervaduras que puso un nudo en el alma y un no-es-posible en la garganta de los dos amigos.

—Dios mío —protestó Gómez quejumbrosamente—. ¿Qué es lo que ha ocurrido aquí?

La Pasadena Roof Orchestra atacó en aquel momento *My canary has circles under his eyes,* quizá en un desesperado intento de levantar la moral de los presentes. Baker, sentado en una silla, gemía y explicaba entre dientes: —Es mi culpa, es mi culpa—. Estaba acurrucado tras la barra y ésta desatendida. Rio fue el primero en reaccionar e introduciéndose en ella comenzó por servir a una pareja de novios que venía asistiendo con asombro, paciencia y timidez al derrumbamiento moral del barman, e ignoró las alteradas protestas de un tipo con aspecto de peluquero de señoras dispuesto a exigir el libro de reclamaciones; hubiera conseguido calmarlo con su indiferencia de no ser porque Parodio, que lo contemplaba todo desde la puerta, rodeó la barra dirigiéndose al peluquero con tal expresión de ferocidad pintada en el rostro —sin duda por la dimensión del desastre sumada ahora a la de odio—, que obligó al reclamante a retroceder, descompuesto, y refugiarse en el Servicio de damas y caballeros echando el cerrojo por dentro.

—Bueno, cálmese —le dijo Rio con aspereza a Parodio—. Este bar selecciona a sus clientes pero no asesina a los rechazados.

—Esa rata de alcantarilla tiene la inmensa suerte —dijo Parodio aún poseído por la ira— de que yo no tenga ganas de mear en este momento. —Lo dijo señalando amenazadoramente con su dedo índice la puerta del Servicio y dentro se oyó un gemido ahogado.

Alrededor de la aralia, la conversación se avivaba por momentos:

—Pero, ¿cómo que la sacaste a la calle? —se oyó decir a Rio.

—Baker, eres una bestia —dijo Gómez—. ¿Sabes lo que es una bestia?

–Ahora resulta que la sacó a la calle –dijo Rio a la pareja de novios–. Me dijo largo de café para ella y corto para usted, ¿no es cierto? –añadió mientras volcaba indistintamente la jarra de leche en las tazas de ambos–. ¿Quién carajo le mandaría sacar la aralia a la calle, me pregunto? –El novio asentía mientras apretaba la mano de la novia con fuerza bajo la barra.

Poco a poco, entre unos y otros lograron entender que esa mañana, viendo Baker lucir un día tan luminoso y un aire tan transparente como los de un cielo velazqueño, sacó la aralia al exterior, junto a la puerta, mientras barría el local. Una hora después, cuando el bar estuvo tan limpio y luminoso como el día, salió a sacudir un paño y descubrió que la planta había sido fulminada por la Madre Naturaleza. Desde entonces, temblando como azogado, había permanecido junto a ella, primero fumando y arrojándole el humo, luego aplicándole baños de posos de té con brandy en las hojas, después vaciando una copa directamente en la maceta; y por fin, tan ansioso y dedicado que hasta se olvidó de comer, comenzó a desfallecer física y también moralmente junto a ella en la posición en que le encontraron Rio y Gómez, entre otros. Ahora, la agitación en la esquina de la barra era considerable.

–Tenía que ser un *yankee,* tenía que ser un *yankee* –repetía Parodio moliendo el adjetivo antes de soltarlo. Rio trataba de hacerle ver que un tipo de Arkansas no era exactamente un *yankee,* pero el otro insistía–: Tenía que ser un maldito *yankee*, un maldito y piojoso *yankee.* –La puerta del baño, entretanto, se había abierto apenas un centímetro, silenciosamente. Parodio, que se encontraba maldiciendo de espaldas a ella, dijo sin volver la cabeza pero elevando el tono en una octava–: Atrévete a asomar tan sólo la punta de la nariz y te la arrancaré de un mordisco, ¡cerdo! –La puerta se cerró en seco. El *crooner* de la Pasadena cantaba en aquel momento

Oh, in Pasadena

Oh, the grass is greener

Todos se habían servido una copa para tomar aliento antes de continuar cañoneando al americano. Gómez, ya repuesto, tomó la iniciativa aprovechando el momento.

–Quizá no sea necesario ejecutar a Baker, después de todo –dijo–. Gómez era representante de grupos musicales, entre los que destacaban un conjunto de rock que triunfaba bajo el nombre de Sabandijas Urbanas y otro tecno-pop –Vinilo tinto– que empezaba a pegar. Gómez se pasaba la vida tratando de calmar a los organizadores de conciertos, a sus muchachos, a la prensa, al público en general... Era un calmador profesional, en palabras de Parodio; era capaz de calmar cualquier cosa que se agitase a menos de veinte metros de él. –Es su aralia y está en su bar, ¿no? –insistió.

–O sea –protestó Parodio conteniéndose a duras penas– que éste pone su aralia en la calle y a ti te parece normal.

–Es una aralia, ¿no? –dijo Rio.

–Señores –concluyó Parodio– acabamos de legalizar la esclavitud. Pero no lo olvidéis: Hoy ha sido ella, mañana seremos nosotros, porque el bar es de Baker, como la aralia, y tú –añadió dirigiéndose al peluquero de señoras, que estaba tratando de entenderse por señas con la pareja de novios desde la puerta entreabierta, posiblemente para enviar a alguna parte un mensaje de socorro– reza para que el libro de reclamaciones se haya extraviado en este tumulto porque te lo voy a hacer comer hoja a hoja.

La pareja de novios pidió la cuenta. Rio trataba de animarlos: –Bueno, no piensen que les consideramos cómplices de ese tipo del servicio. ¿Qué iban a hacer ustedes más que atenderlo? Yo habría hecho lo mismo.

López Mansur había encendido un cigarrillo con expresión ausente. De vez en cuando levantaba los ojos y observaba incidentalmente la conversación estrepitosa de los otros, que tampoco le hacían caso a él. Estaba casi al otro lado de la barra. El aire de ausencia se extendía sobre su rostro como una sombra de maquillaje. Después de haber apagado la cerilla puso el cigarrillo en vertical sobre la madera, como si no fuera a fumarlo sino a mirarlo también. Cuando el humo llegó a sus ojos, se apartó bruscamente, lagrimeando. Esto pareció sacarlo de sus pensamientos o de lo que retuviera su mente lejos del local y se volvió hacia la algarabía de la esquina.

–Señores –decía en aquel instante Gómez–. Aún no podemos tomar una decisión, pero si la aralia tiene algo de nuestro espíritu...

–La aralia lo tiene –interrumpió Parodio.

–Si la aralia tiene nuestro espíritu –continuó Gómez– ¡puede y debe recuperar su esplendor!

Los gritos de «¡Bravo!», «¡Muy bien!» fueron atravesados por la risa de hiena de López Mansur y todos volvieron la cabeza hacia él. Mansur extendió los brazos y dibujó una sonrisa en demanda de olvido pero su intervención tuvo el efecto de un cubo de agua sobre unas brasas; las conversaciones se dividieron y empezaron a chisporrotear cada una por su lado mientras los cuerpos se reacomodaban con ellas. Mansur pidió una copa a Rio y volvió a reír para sus adentros. Baker se puso de pronto en pie como un autómata, cruzó bajo la barra y se introdujo en el Servicio de damas y caballeros.

–Bueno –dijo Rio–, es el momento de que los más vengativos se preparen para jugar a los dardos.

Mansur propuso abrir la puerta de la calle. En esta ocasión nadie protestó. Estaban solos, vencía la hora de la media tarde y a nadie le importaba que se escapase el humo. Mansur salió a la puerta y se quedó allí, recostado en el marco, protegiendo su vaso contra el pecho con la palma de la mano mientras veía acercarse la luz del crepúsculo. El tiempo era propio de un comienzo de primavera en Madrid: Grato pero tornadizo. El americano salió del Servicio con otro aspecto; no mejoraba su abatimiento pero resultaba menos oprimente para el resto de las almas que vagaban por el bar.

–¡Demonio! –gritó Parodio de pronto–. ¿Dónde está el tipo que teníamos ahí dentro?

Baker le miró, aludido y sorprendido, mientras el otro se precipitaba al interior del baño, de donde salió en seguida, excitadísimo.

–No es posible –decía–. No he quitado ojo de la puerta. No ha podido escabullirse en mis narices.

–A lo mejor está escondido en la cisterna respirando por una pajita. ¿Has tirado de la cadena? –preguntó Gómez.

–No –comentó Rio–. Yo creo que se fue por el sifón del trono. Imagínense: Debe ser escalofriante estar ahí sentado meditando sobre tu próximo fin y que de pronto se precipite adentro de la madriguera un zombie de Arkansas que se dirige a mearte encima.

López Mansur observaba a Parodio preguntándose cómo un hombre con esas manos tan gruesas había elegido la profesión de dibujante. Aquel tipo grande y malformado, carnoso, era el autor de las aventuras de Dolores Amores, heroína de unos miles de lectores españoles y ahora, gracias al Festival de Angouléme, quizá europeos. Pensó que nunca llegaría a tiempo a la fama porque su corazón se detendría antes, pero era, en verdad, el triunfador del grupo y Dolores Amores una muchacha que existía en las viñetas de Parodio quizá porque ninguno de ellos había podido conocerla en la realidad pero todos la habían soñado de un modo u otro alguna vez, antes. Parodio le había dado cuerpo, un cuerpo espléndido, que aparecía muy a menudo ante los ojos del embravecido lector merced a su ardorosamente ingenua capacidad de engancharse la ropa en cualquier esquina, arista, punta o saliente de todo objeto inanimado con el que tropezase; no ocurría lo mismo con los animados, preferiblemente del género humano, de los que se libraba siempre *in extremis* por una misteriosa cadena de casualidades que todos en el grupo atribuían a la indecisión del autor. Interrogado sobre este asunto, Parodio se convertía en un pobre hombre que trataba de escapar de sus interrogadores como

Dolores de sus perseguidores. Sólo una vez reaccionó y fue, como un caballero, en defensa de su dama; porque Gómez expresó sus sentimientos hacia Dolores Amores y Little Annie Fannie en favor de la segunda debido a que, con aquellos cuerpos, prefería las tontas a las ingenuas; Parodio apoyó sus enormes manos con fuerza en la barra y contestó, con una firmeza que el inesperado tono bajo de voz contribuyó a hacer aún más contundente: «Perdona, Gómez, pero la diferencia está en que las ingenuas pierden siempre la ropa mientras que las tontas se la quitan ellas mismas.» Y así quedaron resueltos para siempre el carácter de Dolores Amores y algunos aspectos de la vida de Parodio.

Todos acordaron, finalmente, aliviar a Baker de su horrible culpabilidad. Pareció un ensalmo porque, realizado, el bar se llenó en breves minutos y hubo que cerrar la puerta para aprovechar el ambiente y ocultar bajo la humareda y la luz rojiza las huellas de la reciente pandemia. El grupo tomó posiciones en la esquina haciendo corro a la aralia mientras Baker se empleaba a fondo para meter una buena porción de alcohol en la sangre de la clientela recién ingresada en el local.

Un tipo con aspecto demacrado y largas guedejas le estaba diciendo a una muchacha forrada de cuero: –Mi mundo es sucio, pequeño, grotesco... No; es pequeño, grotesco y sucio... No; es pequeño, sucio y asqueroso... No. No sé. Bueno, me muero por mi mundo.

López Mansur había optado por acodarse en la balda de madera que corría en paralelo a la barra por la pared opuesta. Había apagado un cigarrillo y vuelto a encender otro mientras agitaba los hielos de su bebida contra las paredes del vaso, mirándolos girar con desgana. Justo en ese momento Rio le gritó desde el otro lado que le había llamado una mujer. «No hago más que llegar y ya me han localizado», se dijo, sin variar de postura. Meditaba, mientras los hielos seguían girando, por qué le habría telefoneado ella otra vez; debía estar en casa sola, se supone que harta, pero hacía ya muchos años de esto y no se acostumbraba, por lo visto. El chico se había hecho mayor. «Mi hijo tiene ya veinte años y es como un niño. Su madre lo tiene sobreprotegido y lo ha convertido en una especie de simplón alborotado. No lo puedo soportar. Yo a los veinte años era ya una persona completamente retorcida», pensó. Bueno, a lo mejor se había ido de casa por fin o la dejaba sola más a menudo. ¿Qué quiere? Ella llamaba a casa de Mansur y le hacía sentir su presencia con cualquier excusa; a casa, no al bar. Quizá se tratase de un recado familiar pero prefirió no darle vueltas a eso porque quizá fuera peor, una infección, el gimoteo de su mujer, en fin. Apuraría su copa antes de telefonear. «No hace ni ocho horas que bajé del avión», se dijo.

Estaban dejando correr el tiempo. Todos. Tanto Gómez, sin familia, como Parodio, Rio, Paraíso, todos. Dejaban correr el tiempo, lo miraban pasar por delante de sus narices como si fuese una cinta hipnótica. Sólo Baker, a veces, desbordado, se adelantaba al tiempo, corría ante él cargado de jarras de cerveza.

–Té, mucho té –decía Gómez a Baker–. Muy frío y justo cuando estés ya recogiendo el local. Nada de posos con agua. Posos de té con su té. Y nada de brandy hasta que veas que se recupera.

–Conviene llenar el local, traer a quien sea –decía Rio– Ahora se necesita mucho ambiente, un verdadero pestazo de olores y humos, un tratamiento de shock. Dejáme llamar a la muchachada.

Sonaba el timbre del teléfono. El sonido se perdió entre los ruidos del local. Mansur había oído el timbre; había mirado a derecha e izquierda para comprobar si alguien más lo escuchaba pero estuvo sonando y luego se calló; entonces hizo una seña a Baker, señalando el aparato con el dedo.

–Ha estado sonando –dijo. Baker le miró consternado. En ese momento volvió a sonar y Baker se precipitó hacia él. Mansur le miraba gesticular y por su gesto dedujo que era la llamada de su ex-esposa. Hizo señas al otro para que dejase descolgado el teléfono y comenzó a moverse hacia la esquina madre; el teléfono estaba justo allí, junto a la aralia y el grupo. Sentía pereza, cansancio, malestar. Sabía que telefoneaba por una nadería, incluso una llamada al bar, tan infrecuente.

–¡Ninguna otra planta! –estaba diciendo Parodio cuando se abría paso entre el grupo–. Ésta era y *es todavía* –subrayó enseñando los dientes para afilar mejor sus palabras– excepcional, única. No hay un sólo bar en todo Madrid con una planta como ésta; pero si traemos una segunda llegaremos a plagiarnos, al usar y tirar, al horror que devora todo lo único, lo genuino, lo propio, lo...

Mansur se apoyó en la barra antes de coger el auricular. Entonces advirtió que había llegado hasta allí sin su copa y empezó a hacer señas a Baker para recuperarla; mientras tanto fue eligiendo y encendiendo un cigarrillo. La aralia estaba cada vez más desfalleciente y pensó para sus adentros que habría que tirarla esa noche, sin remedio; pensó de qué manera tan estúpida puede venirse abajo una dedicación, un esfuerzo, todo cuanto estaba sujeto al dominio del tiempo. Por fin Baker le vio y le acercó la copa desde el otro lado. Entonces tomó el teléfono; echó la ceniza dentro del vaso al cambiar el cigarrillo de mano y movió la cabeza con expresiva convicción de fatalidad.

Fijó la mirada en el triángulo rojo, en su dulce curvatura engullida al final por el nacimiento de la línea larga y ligeramente arqueada, extendida en horizontal, que delimitaba el reposo del muslo. Miraba recto al triángulo que se inclinaba lateralmente, respirando al tiempo que él respiraba. Miraba la suave curva sombreando el nacimiento de la otra pierna, larga, apenas tensa, vertical, idéntica a la anterior, con la que se unía en aquel ángulo tan abierto por donde el triángulo desaparecía como una lomita enrojecida entre dos claridades estuosas.

Miraba en acecho, sabiendo que latía. Sólo estaba complaciéndose, pues su relajación era la misma que la del paisaje. El triángulo semejaba una breve y ligera extensión de junquillos rojizos asomando en la duna, un brote no tupido pero sí uniforme, donde un estremecimiento casi imperceptible delataba su calidez. Entonces pensó que si pudiera rozarlo con la yema de los dedos tocaría la respiración que veía latir en ellos. Miró el ángulo donde confluían los dos lados del triángulo, donde éste desaparecía entre los dos muslos alargados y moteados, vertical el uno, horizontal el otro, del color de las dunas, sabiendo que el calor que hacía estremecer los delicados tallos estaba allí, latía allí, formaban una llamita, una casta llama entre dos columnas dejándose estar bajo la quietud del aire.

Desvió ligeramente la mirada a la izquierda, donde el vientre se extendía, ancho y constante, en cuyo centro respiraba una incisión. Esa duna era cálida y moteada también. En seguida volvió al hechizo del triángulo rojo y su declive final, el ángulo engullido; un discreto fruncimiento de los labios se convirtió en sonrisa al contemplarlo otra vez, como un gesto de la memoria.

Por la memoria vino la idea de que quizá pudo preguntar a Mansur por Amanda. Había olvidado casi todo de lo poco que pudiera haber contribuido a mantener una verdadera conversación, aunque ésta hubiera sido problemática. El vuelo había resultado ser aún más fatigoso que el resto de la espera solitaria, con la mirada distraída en los infinitos canalillos de agua naciendo y muriendo a ráfagas al otro lado de la ventanilla.

Amanda era uno de esos amores que mueren sin pasar al olvido y que de tarde en tarde reaparecen de pronto, en mitad de un sueño o saltando como un pez en el remanso de un pensamiento. Había desistido de volver a verla tras comprender que pensaba abandonarle de todos modos, pero además aquel año lejano se apoderó de él una terrible debilidad física que le condujo a una depresión prolongada; cuando volvió al punto de equilibrio precario pero suficiente con que se manejaba por la vida desde que atravesó el umbral de los treinta años, ella había desaparecido y con ella la última aventura y el último lustro de dedicación a la lucha política; también había muerto Franco; llegó a sentirse una especie de bella durmiente despertada por el beso de la Historia. También creyó que aquélla podría ser la señal para abandonar su doble vida y dedicarse al vagabundeo. Pero el tiempo es más firme donde la convicción es frágil y esa ilusión se fue diluyendo como un terrón de azúcar en una taza de té.

Amanda había vuelto por Madrid. Era sólo un discreto recado en la oficina. Justamente antes de saberlo había estado pensando por qué Isa se obstinaba en rechazar la oferta de trabajo en Bruselas. Hacía una semana que la discusión alcanzaba el epicentro de un sordo enfrentamiento sísmico entre ambos, sordo ante sus hijas y sísmico entre ellos. También había pensado en el motivo por el que se inclinó a terminar casándose con Isa en vez de dedicarse al vagabundeo; sabía que ambas cosas nada tenían que ver entre sí, pero deseaba unirlas. Volver a Isa para casarse con ella una vez que hubo desaparecido Amanda era más que un acuerdo y más que una reivindicación victoriosa por parte de Isa; lento veneno.

Bruselas era una buena oferta y una buena ocasión de distender la situación oprimente. Isa Palacio se había atrincherado en una muda negación que cortaba con gestos tozudos la elocuencia de Andrés, su paciente insistencia, los argumentos. En fin, Amanda había vuelto. Todo apuntaba a la parcela de la memoria donde se alojaba el recuerdo de la crisis depresiva. Cada vez que volvía sobre ello consideraba que el ingreso en el mundo de la gente corriente tenía el precio de la fealdad que posee la eficacia; la gente corriente era fea como los muebles y las paredes y las cortinas de su casa; era el agobio de fealdad lo que le dañaba, de esa manera pasiva en que una larga exposición al sol daña una piel, un cuerpo tendido al que una cabeza envía pequeñas descargas eléctricas aconsejándole una huida que le cansa emprender. Él estaba ahí, había hecho lo que debía, era un eficaz gestor de empresa, un padre eficaz también, y estaba devolviendo todas y cada una de sus deudas personales; eso era lo que le devolvía a casa pero allí, de manera inmediata, la fealdad se apoderaba de él como una pesadilla y teñía besos, gestos, cosas, tiempo... No hallaba un sólo objeto hermoso a su alrededor desde hacía años y todos aquellos que lo fueron le parecían hoy tan falsos como su propio espíritu de supervivencia. Entonces regresaba Amanda y con ella la primera oferta seria de trabajo para Isa. Eran dos golpes de fortuna tan seguidos que no podía permitir que se desvanecieran; si lo hacía, sería como quedarse definitivamente a solas, como quedaba abandonado a las sensaciones y los miedos en aquel cuarto del fondo donde la esperanza se alejaba con los pasos de su padre a lo largo del pasillo, después de que el ruido de la llave corriendo el cerrojo de la cerradura percutiera en sus lágrimas.

Ya en otras ocasiones había pensado que sus fantasías procedían de allí. Lloraba un buen rato en silencio, hasta que se desahogaba; después venían las imágenes, las fantasías. El tiempo, en la oscuridad, transcurre de modo muy distinto; parece olvidarse de ti y entonces tú debes hacer lo imposible para olvidarte de él; así, cuando se juntan las dos actitudes, parece que todo suceda en un abrir y cerrar de ojos. Elaborar fantasías era el único modo de olvidarse del tiempo en el cuarto oscuro.

Con el tiempo –mucho tiempo– llegó a temer sus fantasías. Las temía como un sonámbulo puede temer un ataque de sonambulismo aunque le fascine lo que le cuentan que hizo mientras estuvo en ese estado. La verdad es que nunca dejó de mantenerlas y, aunque nunca le habían llevado a nada que previamente no consintiese, lo cierto es que las temía. Nunca habían llegado a salir de su mente o a pasearse como sonámbulas, pero en ocasiones tuvo la sensación de haberse acercado a territorios inquietantes. ¿Y si un día traspasaban esa frontera? ¿Y si un día lo arrastraban con ellas como quien cambia de dimensión? El cuarto oscuro fue una amenaza en el pasado, una amenaza que él convirtió en una pacífica victoria gracias a los progresos de la edad. Sin embargo, no pudo desprenderse de las fantasías; o, mejor dicho, no pudo disolverlas como disolvió la amenaza del cuarto con el paso a la pubertad.

Un estremecimiento conmovió el paisaje de dunas. Las formas, llenas, redondeadas, consistentes, desvanecieron la imagen de arena. Soñaba. El estremecimiento debió haber sido un accidente del sueño, un sobresalto en la secuencia.

Se preguntó si el cuerpo soñaría, si no transcurriría el hecho en una cadencia paralela a la de la mente libre y aquellos estremecimientos no serían las raras o frecuentes tangencias de ambas líneas. En ese caso estaba viendo soñar a un cuerpo. Era un sueño tranquilo y uniforme, extendido por toda la piel.

Pensó en hipótesis. El simple estremecimiento habría vertido arena en varias direcciones desde la divisoria de las laderas, arena moviéndose sobre sí misma, acaso cubriendo la lomita cobriza, una porosa reunión idéntica y distinta como las arenas del desierto, cuya presencia era también la imagen desmenuzada de la muerte seca. En cambio la verdad del descanso entregaba al cuerpo la radiestesia de una piel que a cada encuentro con el sueño vibraba, y ese ligero estremecimiento, extendiéndose, prolongaba unos arcos y ondulaciones cuya lozanía se dibujaba en las líneas maestras del cuerpo. La imagen simple se detenía ante la imagen compleja; lo que sus ojos fijaban, el tiempo lo ponía en marcha; respirando con su cuerpo, sentía respirar el otro; imaginando, lo convertía en arena. Pero el triángulo cobrizo latía por sí mismo y aunque aparecía casi oculto entre los muslos cerrados y reunidos tras el estremecimiento, la curva que lo hundía por su vértice inferior revelaba el camino que conducía al despertar del sueño y a la abolición de su mirada. Un declive entre dos pliegues profundos y una sombra rojiza bajo la cual se escondía un misterio lunar.

Amanda e Isa eran dos caras de un mismo asunto. A él le encantaba la dualidad; deseaba ser espontáneo y precavido a la vez, por ejemplo. Le hubiera interesado –pensaba ahora– quedarse con las dos mujeres. Sentía un maligno deseo de haberlo hecho. En realidad lo que deseaba era disfrutar de la vida y disfrutar de la astucia como actitudes gemelas. De hecho, había organizado la estructura que necesitaba para su vida actual. Todo era una cuestión de dinero: El dinero sólo puede despreciarse cuando se posee, y la única manera de ejercer ese desprecio es gastarlo. Antes, había contratado un seguro para Isa, un seguro para las niñas, un seguro para cubrir el pago de la casa, un seguro de robo... Eso era todo: Seguros, nada más que seguros, sólo para ellas. A él le quedaba la ocupación de gastar lo demás, es decir, cuanto dinero fuera necesario para recuperar el placer y la inteligencia quemados en el esfuerzo de obtenerlo.

El viejo Fausto –había pensado– nunca cerraría este pacto. Lo había dicho así en una noche agitada, una de esas noches en que el alcohol cicatriza cualquier estómago cargado de nicotina, una de esas veces en que la voluntad es más negra que la noche. «¿No es triste vivir en un mundo que no admite a Fausto entre nosotros?» Alguien había agitado su vaso y los demás habían alzado los suyos para enviar al fondo al Fausto de nuestro tiempo; alguien dijo que no descansaría hasta llegar al extremo de cambiar un día su alma por la última copa de su vida.

En anteriores ocasiones consideró la posibilidad de separarse de Isa pero siempre acabó por parecerle una idea infeliz y un esfuerzo excesivo. En cambio, las periódicas aunque largas ausencias que el destino de Isa en Bruselas prometía, semejaban un regalo del cielo. Había comprendido por fin que temía al riesgo, pero contemplaba con alguna benevolencia ese temor. En otro tiempo, tal actitud le hubiera humillado al punto de esconderla como un defecto físico vergonzoso. En la actualidad, el riesgo resultaba ya demasiado caro como para pagar más de una vez por él. Por eso había puesto un pie en tierra; el jinete había descendido del caballo. Sentía merecimiento, no como una medalla sino como una extensión en el tiempo, una hacienda de tiempo donde afincarse y procrear. El último riesgo había sido Amanda; sin embargo, aunque ganara después su paz tras una grave crisis, le excitaba su vuelta; había algo de suciedad en todo el asunto.

Todo eran expectativas, sin embargo. Pero Isa había dicho que renunciaría a Bruselas. Como si hubiera olfateado la llegada de Amanda, su negativa poseía la terquedad de lo instintivo y no de lo racional. Andrés no intentaría luchar para convencerla de que acudiese a Bruselas. Pensaba que cuanto más equivocadas fueran las cosas más ganaba él: A quien no es aliado de la suerte –pensaba además– conviene que ésta deje de tentarle cuanto antes. Isa renunciaría finalmente. Había en ello algo que, muy a su pesar, Andrés reconoció sin sorpresa como un acto de venganza; no una venganza directa contra él sino más bien algo parecido a la precisión del reproche, esa forma menor de la venganza que los espíritus débiles suelen llevar hasta extremos cuyo esfuerzo, reunido en una sola acción, sería digno de una pasión extrema o un acto heroico.

El cuerpo dormía de la misma manera que un estanque en reposo: Aparentemente, nada sucede en ambos, la quietud los asemeja; pero si un observador atiende con paciencia, descubre un mundo vivo en permanente actividad.

Las dos piernas estaban ahora extendidas y el cuerpo ofrecía una horizontalidad casi perfecta: El brazo izquierdo yacía pegado al tronco, pero el derecho colgaba hasta rozar el suelo con los dedos de la mano; el rostro también estaba vuelto a su derecha, hacia el observador. La piel, de un color blanco lechoso alrededor del triángulo rojo, adquiría un velo rubicundo por efecto de los cientos de pequeñas motas cobrizas que se extendían por ella, especialmente en las piernas y brazos, también en el rostro, ancho, cuadrado, de nariz corta y ancha también y labios llenos, y mostraba a la perfección el contraste entre crasitud y calidez que ese encuentro lechoso y rubescente daba a la carne. En su manera de estar tendida recordaba también con su cuerpo el reverbero del sol sobre la arena blanca y manchada de diminutos restos de conchas desmenuzadas por el mar y depositadas por la marea. Todo ello –o quizá la imaginación del observador– era un velo, un filtro, sobre los años y las hendiduras del tiempo, casi inapreciables a la luz de la habitación.

Andrés Palacio se puso en pie. En los minutos siguientes estuvo dando vueltas por la habitación. Por fin se detuvo y miró. Miraba alrededor, arriba y abajo. La luz del atardecer flotaba como una tela de araña. Miró su cuerpo, tan desnudo como el que reposaba en la cama; no se le había ocurrido vestirse, había estado sentado desnudo en el sillón de brazos que cubría la esquina entre los cortinajes y la mesa baja. El silencio, quieto como el polvo, cubría la estancia de esa manera paciente que acompaña a un tiempo muerto. Estaba muy poco dispuesto a tomar decisiones y encendió un cigarrillo mientras investigaba en la nevera de la kitchenette. Pensó que no era un viajero sino un amante, y eso era cierto porque acababa de llegar. Empezó a reír despacio para no despertar a la mujer que dormía, la risa sonaba como un gañido ahogado. Pensó qué madrugada habría tenido para dormir como lo hacía ahora. Miró a la mujer cuando se daba la vuelta y los perezosos movimientos del cuerpo dormido le excitaron. Probó el whisky. Miró el cuerpo. Buscó tabaco mientras empezaba a crecer su miembro. El otro cigarrillo aún humeaba en el cenicero. El miembro se detuvo. Extrajo uno de los pedazos de hielo del vaso y se lo aplicó sin curiosidad. Pensó que bebería su whisky con un par de cigarrillos más y después volvería al cuerpo. De pronto encontró el pedazo de hielo en su mano y lo echó al vaso.

Había llegado a la conclusión de que la vida se estaba volviendo cada vez más amenazadora desde que cumplió cuarenta años. Los había cumplido y vuelto la vista atrás de nuevo pero esta vez, en lugar del habitual paisaje de caminos cruzados que siempre encontraba ante sus ojos, descubrió a sus dos hijas aguardándole en casa para felicitarle mientras escondían a la espalda el regalo de cumpleaños. Se preguntó si había sido consciente alguna vez de que engendraba a dos seres humanos destinados a ser independientes. Se preguntó qué era aquello indefinible que le producía una tristeza crónica, algo semejante a una de esas punzadas que un día se instalan en algún lugar del cuerpo y allí se quedan, yendo y viniendo por la casa como la vieja tía que ha de precedernos en el tránsito al otro mundo, unos días alegre y otros amarga mientras pasa el tiempo.

Había pensado muchas veces en el paso del tiempo de distintas maneras y ahora lo veía como una acumulación de sucesos que se quedan sobre la superficie con levedad y obstinación, a la manera de esas manchas domésticas con las que uno decide vivir sin más. Andrés Palacio no temía a la vejez pero reflexionaba sobre la resignación del tiempo propio. El paso del tiempo lo contemplaba como una extensión de obsesiones a las que veía amarillear en las personas como amarillea una superficie blanca a la que el uso y los elementos externos despojan para siempre de su primer esplendor. Esa forma de usura, la usura del tiempo, amarilleaba entre sus pensamientos también.

Y ése iba a ser el momento que elegiría Isa para abandonar la oportunidad de lograr una plaza de traductor de Bruselas. Ella aduciría el continuo ir y venir de Andrés para permanecer en Madrid con las dos niñas y en su viejo puesto secundario en la sociedad de estudios estadísticos. Sin embargo, la renuncia de Isa a Bruselas, a un trabajo que quizá acabara por ofrecerle –por venir de donde venía– posibilidades de una carrera de funcionariado internacional a la que ella no era reacia –acaso porque aún creía tener una cuenta pendiente con su pasado político–, decepcionaba a Andrés, aunque sólo fuera porque así se perdía una oportunidad de ventilar el cuarto cerrado de un matrimonio pactado sobre la culpa y la resignación. Las cuentas pendientes de su esposa –pensaba Andrés– eran el pozo sin fondo al que iban a parar las oportunidades perdidas y, como sucede con frecuencia en la vida, podrían acabar convirtiéndose en un monstruo abismal al que uno se obliga a alimentar diariamente.

El cuerpo cubierto de pecas cobrizas ahora yacía boca abajo. Andrés Palacio fumaba mirando con especial interés la carne de las nalgas. Se preguntaba con curiosidad por qué las pecas huían de las zonas consideradas tradicionalmente erógenas. ¿Acaso estaban reñidas con las más pronunciadas curvas, con las prominencias más deseables del cuerpo femenino? Se puso en pie y volvió a admirar el cuerpo. Quizá esas minúsculas manchitas fueran flor de valle y no de montaña. Miró, rodeando la cama, los breves rizos de vello rojizo que apenas ocultaban la deseable ranura dormida entre los muslos y de la que le costaba apartar la vista.

Descubrió que le gustaba aquella situación y empezó a pensar si no se estaría volviendo un viejo verde. Sin buscarlo, se encontró haciendo recuento de su emocionalidad sexual: Había sido mirón, lector furtivo, acariciador en la oscuridad, sus manos se habían sumergido en los más complicados ropajes femeninos; había sido celoso, infiel e indiferente a los celos; polígamo, coleccionista y monógamo; incluso se había retirado temporalmente en un par de ocasiones; pero nunca había sido un viejo verde y la idea, sin embargo, empezaba a gustarle, esa deliciosa aventura de tentar los cuerpos bajo la ropa sólo por el placer de tentar pero con descaro, amparado en su condición; sí, ser un gran tentador, ser un maestro de la tentativa..., le parecía versátil, picante, inocente y promiscuo. No terminar nada, no desarrollar ningún asunto, simplemente probar y probar sin culpa, tentar y retirarse. ¿Qué daño hacía a nadie con esta actitud? Además, la nueva actividad le podría permitir comprobar lo que siempre sospechó a lo largo de toda su vida: Que todas las mujeres se dejan tocar.

La ceniza del cigarrillo había caído a sus pies. Al mirar hacia abajo para buscar dónde había manchado volvió a verse desnudo. La visión le produjo la misma sensación de frialdad que la colilla del cigarrillo apagada entre los dedos. Miró de nuevo comprobando que la ligera prominencia de su estómago aún le permitía verse los pies. Le parecieron unos pies huesudos y poco armónicos. Volvió a mirar la colilla y buscó un cenicero a su alrededor. La habitación estaba cargada de humo. Las ropas, amontonadas sobre la otra butaca, se habían ido hundiendo en sí mismas y más parecían un amasijo tirado para el lavadero que la imagen de una desordenada aventura; quizá se había sentado sobre ellas sin darse cuenta cuando la mujer se quedó dormida. Ojeó la noche apartando ligeramente las cortinas. Las ventanas del edificio de enfrente estaban apagadas y encendidas. Consideró si merecería la pena despertar a la mujer.

Isa rechazaría la oferta, lo contempló casi con dolor. Ella lo haría y él continuaría viajando, recorriendo Europa y América con sus productos españoles, con sus dietas y su provisión de tabaco negro para cada una de las apretadas sesiones de trabajo. Lo que pareciera otra vez un cambio se había quedado en un simple estremecimiento del tiempo; todo volvía al orden y a la costumbre.

Todas sus meditaciones acerca del paso del tiempo en los últimos meses le advertían con pesar que la incomodidad de la contradicción era cada vez más acentuada. El acento no estaba puesto en la intensidad sino en la frecuencia; cada tarde, cuando volvía del trabajo, el tiempo le estaba aguardando en casa; allí podía encerrarse en el dormitorio a leer hasta que la cena o las niñas le interrumpieran. Él lo sabía y sentía satisfacción por ello. Era el otro tiempo, el que compraba diaria y palpablemente, que por su calidad de presente era el antídoto de la erosión. Por eso detestaba cada vez más los viajes de negocios, días de dedicación plena que apenas le permitían escaparse a vagabundear por los muelles de Hamburgo, por la ciudad vieja de Lucerna, por la calle Caminito de Buenos Aires... En el conjunto de su percepción del paso del tiempo, el tiempo flotaba como una neblina enfermiza.

No detestaba su trabajo sino su falta de dedicación a sí mismo. Por eso acudía a su tiempo en casa y no deseaba ser molestado y la presencia de Isa era a veces abrumadora, como la de las niñas pero de otro modo. El tiempo libre pasaba a veces de tal modo que lo sentía como ido y eso le atormentaba y criaba en él un indeseado temor a la noche porque la noche clausuraba el día, clausuraba una nueva oportunidad perdida y dormir sólo era el paso necesario y no querido para entrar en el siguiente día. Apenas iniciaba algo en su tiempo libre –la lectura en el dormitorio, o un paseo, a los que estaba aficionándose–, comprendía dolorosamente que el tiempo libre iniciaba el camino hacia su término, que sentiría los pasos del tiempo que camina como un eco de los suyos, que vería al fin con tristeza el declinar de la luz que daba paso al otro, al tiempo vendido, al que se extendía sobre su vida como un manto ajeno de trabajo y dedicación. Era urgente, muy urgente, comprar tiempo.

Sacudió la cabeza para alejar el ensimismamiento. Últimamente se perdía en estas divagaciones con harta frecuencia y también por ahí se colaban las fantasías. La repetición le daba miedo, pensaba que lo repetitivo es síntoma de algo, una amenaza quizá, instalada dentro, un enemigo en casa o, si no, algo con vida propia al menos: vida, astucia, paciencia... y ningún rostro ni rasgo identificante.

Terminó de ponerse la chaqueta. La mujer seguía durmiendo o fingía dormir. Le pareció todo tan extraño y alejado que quiso salir cuanto antes de allí. Debía volver a casa. Había bebido y era tarde. Miró el cuerpo otra vez, que parecía haberse encogido o, quizá, haber atenuado su luminosidad o su calidez. Extrajo de su cartera dos billetes purpúreos que dejó en la mesilla de noche y abandonó el apartamento cerrando la puerta tras de sí con un golpe seco y muy preciso.

López Mansur, recostado en la puerta del *Union Bar*, miraba a la mendiga. Guardaba el vaso en el cuenco de la mano y fumaba. La mendiga estaba a su izquierda, sentada contra la fachada del edificio con las piernas recogidas hasta la barbilla, inmóvil, sentada en el suelo con las piernas abrazadas y un atado de cartones y una vieja bolsa al lado. Llevaba un gorro de lana calado hasta las cejas y reía en silencio, agitando la frente contra las rodillas. Mansur pensó en el aeropuerto, en la madrugada, la lluvia alemana y Andrés Palacio. Después se metió adentro, hasta donde estaba Rio.

–Ahí afuera hay una mendiga harapienta tronchándose de risa ella sola –comentó.

–Lo sé. Está instalada desde que te fuiste. Otras veces fuma y otras está en silencio tiempo y tiempo. Otras se va y vuelve al cabo del rato. Para mí que es autista –dijo Rio.

–Qué bien –dijo Mansur–. Ya no nos falta de nada.

Encendió otro cigarrillo y se quedó mirando al fondo del vaso. Por alguna razón pensó en Amanda. Ahora mismo podría ser aquella mendiga o la amante de un brigadista italiano, un arrepentido quizás. En cambio, tenía una llamada de ella en el *Union Bar* y el recado de un teléfono que comunicaba continuamente. Una reaparición inequívocamente suya, después de unos años, de la misma manera que era capaz de hacerte sentir dos días de espera en una ausencia de dos horas. Era su vida. Usaba el tiempo como una emoción aislada y no como la duración continuada de la existencia de las cosas. Era su vida contra la tuya. Y justo ese día había pensado en ella porque hablando con Palacio recordó haber sabido de oídas que Amanda fue también su amante y se preguntó si habría llegado a devorarlo o si lo dejó entregado a una familia, como hizo con otros, hoy padres y necios por partes iguales. Lo pensó pero ni siquiera se lo comentó a Rio en esos términos porque le pareció que era triste hablar así con alguien, aunque fuera un amigo. Además estaba cansado.

–*Yo* estoy cansado –dijo Rio–. Pero ¿qué es lo que pasa? ¿Por qué todo el mundo está cansado hoy?

–Somos un país próspero –dijo Mansur–. Por eso estamos tan cansados.

López Mansur miró alrededor, a la gente que se divertía alborotando el local. Los veía hablar, los veía gesticular, los veía reír. Quizá el madrugón para llegar al aeropuerto le había descompuesto el día desde el principio, pero lo cierto es que ahora veía a la animada clientela con una mezcla de distancia y dejadez que le hacía sentirse tenso, cerca de la irritación, solo. Gente –pensaba– dilapidando por las noches el dinero y el deseo que acumulaban durante el día. Eramos –pensaba– un país de mierda y en diez años hemos corrido como posesos, codo con codo, junto al tren de la prosperidad. Éstos –pensaba– siguen corriendo como si nada y yo estoy a punto de reventar; esta gente, ¿de qué pasta estará hecha?

–Son jóvenes, qué le va a hacer –dijo Rio, tan convincente.

–¿Sabes? –le dijo a Rio–, son jóvenes y viejos. No sé quiénes son ni de lo que hablan. Me estoy volviendo viejo y sordo y con mala leche. Me pudrieron los franquistas y ahora también me pudren éstos. ¡Menudo negocio he hecho yo con la vida!

–Bueno –comentó Rio–. Las cosas no cambian en tan poco tiempo. Se puede cambiar el traje, el pelo, el bigote, qué se yo; pero lo otro... es mucho tiempo y tú un impaciente, y un resentido. ¿Cuánto hace que no escribes un poema, un refrancito sabio tan sólo? ¿Un año? ¿Diez años?

–Once.

–Ah, ¿lo ves? Estás gruñendo como un poeta viejo y llevas once años jodiéndote. La gente está contenta; ha salido del agujero sin saber por qué estaba en él, les va bien; a los que les va mal les pasa como a la mendiga de ahí afuera. A ustedes se les murió Franco y han vuelto a la Historia. ¿Cómo no quiere que se diviertan?

López Mansur miró a Rio y empezó a reír entre dientes, despacio, hasta que advirtió que los de al lado le miraban con recelo y habían cesado de parlotear y divertirse. Llamó a Baker y le pidió que rellenara la copa y le buscase un puro. Luego se acomodó de espaldas a la barra, todavía sonriendo, hizo un gesto de inteligencia a Rio y cargó ostensiblemente la mano sobre la entrepierna; Baker le puso el puro en la boca por sorpresa.

–La mujer de antes ha telefoneado. Te espera en *Sandor* a las doce. No te encontraba antes. Perdona.

Mansur ahogó un juramento. Supuso que ella le había telefoneado cuando estaba afuera, mirando a la mendiga. «¡Mierda!» –pensó–. «¡Mierda! ¡Mierda!»

En los buenos tiempos él escribía poemas y Amanda le telefoneaba a media tarde para saber dónde se encontrarían en algún momento de la noche de Madrid. Salir con Amanda podía ser divertido pero podía ser peligroso. En aquel tiempo se veían a pesar de los asuntos sentimentales de cada uno, de la activa participación de Amanda en la oposición al Régimen y de la pasiva suya, del alcohol y de la falta de sueño, de las lecturas comunes y de la vida artística de la capital, siempre en un extraño desacuerdo que los estimulaba a encontrarse pronto o tarde, solos o rodeados de gente. Había algo eléctrico en la pelirroja que le sacaba siempre de la profundidad del más desvencijado de los sillones para ponerse en marcha camino de cualquier parte, dispuesto a gastar un dinero que siempre era el último. Todo eso hasta que la perdió de vista porque los agentes de la Social que debían dar con ella dieron con él. Después de sufrir cárcel y destierro, la opción de un lectorado de español en una tierra de druidas le alejó definitivamente de ella. «Debió ser por entonces cuando me enteré de lo de Palacio, por esas noticias que de pronto alguien te trae sin saber siquiera cuánto te interesan» –pensó con melancolía. Todos aquellos años, hasta hoy, haciendo poemas que rompía hasta que dejó de hacerlos, igual que se espacian las ondas por un golpe de piedra en el agua.

La suya había sido una vida ejemplar pero mortificante, solía decir cuando le preguntaban. En una ocasión en que había bebido abundantemente mientras miraba con insistencia a una mujer sentada a una mesa cercana en compañía de un hombre, su mirada fue adquiriendo, por efecto del alcohol, esa fijeza preocupante del borracho que no sabiendo aún cuánto desea lo que ve, insiste con sus ojos muy abiertos en la presa, con un gesto entre flotante y decidido. Poco a poco llegó a la conclusión de que la mujer intercambiaba miradas con él. En todo caso, el hombre tomó a su pareja del brazo y la sacó del local. Hasta ese momento, Mansur había disfrutado con la bebida de un dinero bien ganado y se había complacido con la idea de abordar a aquella mujer que le miraba de vez en cuando. Por esta razón los siguió hasta la calle y consiguió abordarlos un par de manzanas más allá del local donde se encontraron los tres. El hombre conminó a Mansur para que dejara de seguirlos, aún sin violencia, y Mansur comprendió dos cosas a la vez: una, que el otro le había tomado por un borracho y, hasta cierto punto, le temía; dos, la mujer seguía mirándole. Apostrofó al hombre advirtiéndole que nunca se hubiera permitido acercarse a la señorita de no ser porque ella había contestado a sus miradas. En esta situación, ella admitió sorprendentemente haberle mirado («sí, yo le he mirado a usted, pero yo vengo con él», dijo refiriéndose a su acompañante) y Mansur esbozó un gesto de alta satisfacción intelectual al tiempo que su cerebro registraba el golpe seco del palo de un sereno contra la acera, la contraseña típica con que se daban a conocer ante cualquier ciudadano. Tan satisfecho estaba que se dispuso a abandonar el asunto a la decisión de la mujer, que le parecía más bien irresoluta, y por eso abrió los brazos buscando el gesto de un hombre de mundo. Desde entonces no recuerda si el golpe se lo propinó el acompañante o el sereno pero jamás olvidó la humillación de sentir el largo y afilado tacón de la mujer hiriéndole en el empeine. Ni siquiera sus compañeros de mesa, que lo devolvieron al local de origen a instancia del sereno, lograron averiguar la procedencia del formidable moretón que se apoderó de una zona entre la barbilla y el cuello. Afortunadamente, al ser cliente habitual le permitieron descalzarse en público para acariciarse el empeine como un autómata e incluso tuvieron la delicadeza de guardarle el zapato durante los cuatro días que tardó en reaparecer por el local.

Una vida ejemplar pero imperfecta también. ¿Qué hubiera sido de él si en lugar de dejarla abandonada en su minúsculo piso junto a la Carretera de Extremadura, Amanda hubiera llevado consigo la maleta delatora camino de la frontera? Incluso pudo irse con el mismo Palacio cogiéndola de la cintura para trocar ante la policía su condición de agentes de la subversión por la de amantes ansiosos que buscan habitación en el país vecino. Este Palacio, que era el clásico caradura revolucionario, estaba empezando a invadir fastidiosamente su vida desde que lo viera por la mañana temprano en el aeropuerto confundiéndole además con un judío. Había que fastidiarse –pensaba– con aquella especie de ejecutivo de sienes plateadas, solitario, obsesionado con la destrucción de Alemania y a punto de volverse un nihilista perturbado o algo así, debía tener la cabeza como una sopa de fideos. Quién podría imaginarlo en brazos de Amanda...

Pero él se quedó con la maleta llena de panfletos revolucionarios y el amigo Palacio con Amanda. La vida es arbitraria –había dicho muchas veces– pero en cuanto puede prefiere ser injusta. Y ahora, meditando sobre éstas y otras cosas, acodado de espaldas en la barra del *Union Bar,* se preguntaba por qué diablos Amanda no habría llamado a Palacio en lugar de a él. «Lo mismo» –dijo– «trae otra maleta consigo, ¡Oh, Dios mío!»

–Es increíble –comentó Rio–. No pasa el tiempo sobre ti. Ahora ustedes viven en democracia. ¿Qué daño puede hacerle ya una maleta?

Estará llena de coca, pensó Mansur para sus adentros, porque las vidas ejemplares lo son bajo cualquier régimen político. Era su desdicha y su orgullo y, abrumado por esta certeza, decidió salir a la puerta del local otra vez, para refrescarse. La mendiga seguía allí, riendo con la cabeza junto a las rodillas y sin mirar a nadie, sin extender siquiera un pañuelito en el suelo a modo de solicitud de una limosna al viandante, como saben hacer todos los mendigos.

Había vuelto tarde a casa. Había vuelto después de la hora de la cena, que se enfriaba tranquilamente en la cocina cuando llegó. En realidad había venido andando desde el apartamento, demasiado tiempo. Isa también estaba tranquilamente sentada a la mesa, leyendo el diario ante una taza de té vacía con aspecto de ser la segunda o tercera de su sobremesa. Andrés entró en la cocina sabiendo que era tarde y que la habitación ofrecía el aire de abandono que emana de los objetos cuando han sido dispuestos pero no usados o cuando han sido usados para entretener el tiempo de una ausencia que va poco a poco haciendo aflorar posos y manchas y arrugas y usuras. Había vuelto tarde, algo bebido y sin cenar, y buscó una silla en la cocina porque sabía que Isa estaría allí y porque deseaba terminar con el día en que todos sus cansancios le sitiaban sin tregua. Al final estaba Isa y había decidido apurar el cáliz hasta las heces en esa incierta frontera entre el autocastigo y la dignidad. Aún seguían allí las viejas sillas de anea que fueron de comedor al inicio del matrimonio y que, ya en la cocina, aguardaban a que otro golpe de dinero en el bolsillo de sus dueños las condenasen al servicio de recogida de objetos inútiles o desechables del Ayuntamiento. Andrés Palacio había tomado asiento en una de ellas, cansado y confuso, queriendo mostrar la apariencia de una dignidad que se hallaba muy lejos de sentir. También durante el tiempo que le llevó tomar asiento con dignidad se había preguntado por qué debía sentir dignidad en lugar de despatarrarse hecho una lástima y atontado por el alcohol que había ingerido a lo largo del día. La cuestión era que no estaba vencido por el alcohol sino simplemente animado y confundido a la vez y entonces una voz interior que le acompañaba desde siempre le obligaba a enderezarse y actuar con dignidad, de modo que no eran sus convicciones sino esa misteriosa llamada a la dignidad anclada en lo profundo lo que le obligaba a tomar asiento con cuidado, cruzar las piernas y acariciarse la barbilla durante un buen rato, antes de decidirse a sacar un cigarrillo del paquete y encenderlo, todo eso sin levantar los ojos del mantel, tratando de imaginar dónde se encontraba la mirada de ella, si es que le miraba, sobre qué parte de su cuerpo, en esos momentos difíciles previos al cruce de las primeras palabras; pero ella no se decidiría a hablar primero para ahorrarle el trabajo de buscar una excusa.

Había vuelto tarde, dándole vueltas al curso de aquel día absurdo cargado de acontecimientos. En general, sus días eran más bien repetitivos y monótonos salvo en las pequeñas sorpresas de trabajo o en acontecimientos del camino, como el hallazgo de un álbum de canciones de Kathleen Ferriers en una vieja tienda de discos o el encuentro con un antiguo condiscípulo convertido en árbitro de la Segunda División de Fútbol. Los viajes solían excitarle más cuando los preparaba que cuando los efectuaba, así que luego volvía pesaroso. La casa le amodorraba excepto en las veces que se retiraba a su llamado despacho, un pequeño cuarto interior cubierto de libros hasta el techo y amueblado con lo único que cabía dentro: Un butacón, una lámpara de pie y una mesita circular para el whisky y el cenicero; era un territorio arrebatado a la criada –sustituida por una asistenta desde que las niñas ya acudían al colegio– donde podía encerrarse a leer, o a remirar sus viejos libros y, especialmente en el último año, a fantasear sobre cuanto le viniera en gana, a desarrollar esa capacidad de contarse a sí mismo historias, historias imaginadas que urdía animado por unas copas de whisky con agua, a las que se estaba aficionando cada vez más. Esa libertad y la del juego con las niñas, arañando ratos aquí y allá, eran un par de buenas esperanzas o de buenos placeres. Había pensado también cambiar la casa de arriba abajo e incluso cambiar de casa pero Isa actuaba como un lastre, no entendía por qué, tanto como les gusta a las mujeres. Se preguntaba qué habría hecho de Isa la persona indolente que iba y venía a su trabajo, pagaba a la asistenta, entretenía a las niñas y se acostaba con él periódicamente. Sin embargo, a veces creía percibir que en la cotidiana y perfecta mansedumbre de esos actos había una voluntad de hierro y el meticuloso cumplimiento de un plan cuyos alcances se le escapaban por completo. Fue una actitud que siguió al nacimiento de la segunda hija y se constituyó en costumbre sin que él participara de otro modo que viéndola crecer y desarrollarse. Quizá la mansedumbre trajo aquella fealdad que tanto le fatigaba, que cubría las paredes, los muebles, las cortinas... ¿Por qué se había dado cuenta de que todo lo que le rodeaba era feo? La casa era un lugar donde sólo crecían ya las niñas y todo lo demás se mantenía tan inmutable como el libreto de una comedia de éxito en la que sólo es necesario cambiar de cuando en cuando algún detalle, alguna frase que hace referencia a los últimos acontecimientos políticos o sociales para que ni el escenario, ni el vestuario, ni la tramoya tengan que modificar un ápice la inversión inicial del empresario.

Había comenzado a considerar la posibilidad de que una lucha contra esa fealdad que le molestaba fuera el antídoto de la abulia que a veces creía sentir dentro. Abulia... pérdida... También a propósito de esto estaba advirtiendo una especie de repentinos sobresaltos que le sacaban de pronto de un estado de abandono, lo mismo que esas veces en que a los viejos se les va la cabeza. Entonces pensaba en cuánto tiempo habría consumido en esa suerte de ausencia que se instalaba dentro de él, esa niebla que borraba lindes y paisajes de su tiempo de actividad, del tiempo real, y de la memoria. ¿A dónde se iba cuando le atacaban estas pérdidas?

También la fealdad de sus posesiones, de sus objetos, debía ser producto de su mente porque ni Isa ni las niñas parecían percibirla. Llegaba a suponer que eran manías de loco y en algunos momentos, los peores, sospechaba que daría en loco sin otra causa que la costumbre y la dejadez. Quizá pudiera convertirse en un loco pacífico y hasta en un loco encantador, amante de la fealdad del hogar y de los amores pequeños y familiares, de los amores minúsculos. La fealdad es insufrible para los espíritus refinados pero él... Oh, él, que había buscado la belleza con pasión, la guardaba en el cuarto arrebatado a la criada, donde la voz riquísima de Kathleen Ferriers o los poemas de Rilke coronaban la noche. Y la música; era la música, sí, la música quien como un hada madrina convertía la duda en certeza, la fealdad en excelencia, la morbidez en pasión. El pequeño cuarto era el lugar donde fraguaba con paciencia el asalto a sus peores debilidades y entonces imaginaba, imaginaba, imaginaba...

Sin embargo temía a la abulia porque temía que fuera la puerta del abandono final. Allí, en la cocina de su casa, ante su esposa leyendo fijamente el periódico del día con un cigarrillo en la mano, esa abulia pesaba como el aire impregnado de los olores de la cena, el tabaco, los cuerpos; pesaba como el cansancio en sus párpados y en sus miembros, como la espera indeseada de una conversación que ninguno de los dos tenía interés en iniciar y sin la cual ninguno de los dos parecía capaz de tomar el camino a la cama.

Había llegado a la conclusión de que el mundo quizá fuera un lugar excitante pero, desde luego, su vida no lo era en absoluto. Quizá fuera ese desacuerdo el que se expresaba por medio de la abulia. Sólo había un recinto en el que ésta nunca penetraba: El de sus historias imaginadas; fantasear era un asunto que requería paz y tranquilidad. A menudo pensaba que debería haberse dedicado a contar historias, historias de cualquier clase, historias también para los demás, para televisión, o cine o la radio. Cuando adquirieron la casa de campo en El Árbol –una vieja casa para restaurar enclavada en una pequeña loma sobre un valle generosamente verde de pinos y encinas– le encantó imaginar cómo sería su vida de guionista de cine, retirándose allí a preparar historias y volviendo a Madrid con el trabajo hecho y las ganas de gastar el dinero fresco, una vida de horarios libres como en la época universitaria. De todos esos deseos la única verdad, lo más cercano, era el verano. Los veranos en la casa de El Árbol pertenecían al reino de la calma activa, a aquella idea de alejarse del mundanal ruido, donde el tiempo transcurriera de modo que uno pudiese acariciarlo con las manos, sentirlo ahí. Todo lo nuevo bajo el sol que había en su vida de un tiempo a esta parte convergía en esa casa en la que las niñas se volvían enteramente salvajes, cuyo salvajismo contemplaba con tanta nostalgia como benevolencia. Cada verano regresaban allí mientras continuaba pagando religiosamente el préstamo: Isa y él veraneaban sólo un mes y las niñas más de dos –como él en sus tiempos de infancia– bajo el gobierno de la madre de Isa; y lo que en su infancia había sido el territorio de la alegría se convertía ahora en una agradecida estancia de un mes viendo cómo aquellas dos salvajes desfogaban sus instintos de felicidad mientras él protegía aquel mundo con once meses de trabajo al año y doce vencimientos contra su cuenta corriente. El verano era la casa de El Árbol, con su pequeño declive delantero ante el que se alzaba el porche donde todas las tardes veía declinar la luz fumando silenciosamente y bebiendo en pequeños sorbos un whisky con agua, tratando de no perder un minuto, cada minuto de la placentera llegada de la noche, recogiendo con deleite los murmullos y sonidos del boscaje que se extendía a sus pies y se elevaba más allá, al frente, disfrutando del tiempo con tanto sentido como de la luz y del paisaje. Después se encendía el farol del porche y él continuaba mirando y mirando hasta que la voz de Isa le avisaba que la cena estaba lista; y al rodear la casa por el exterior para acercarse a la cocina donde las niñas terminaban de cenar, veía al fondo, por el lado contrario a los pinares, las luces del pueblo, encendidas como la suya del porche en la oscuridad de la noche.

El Árbol y el verano estaban muy lejos del lugar donde ahora se hallaba sentado en la cocina de su casa, al otro lado de la mesa donde Isa leía tranquilamente el periódico con un cigarrillo a medio quemar entre los dedos, el pelo lacio caído sobre los ojos y un silencio permanente después del saludo. Las niñas dormían y ella debería estar durmiendo también a esas horas para acudir al día siguiente al trabajo que se había obstinado en conservar y de nuevo creyó ver en aquella decisión la misma férrea voluntad, las secretas intenciones del encastillamiento establecido tras el nacimiento de la segunda hija; o quizá viniera de antes y él sólo comenzara a advertirlo desde ese momento. En todo caso allí estaba ella, leyendo, fumando e ignorándole, dentro de un silencio ominoso y uniforme; cuanto más comprendía él que era preciso iniciar una conversación, más se alejaban las palabras de su boca, aun las más triviales, y la abulia le paralizaba con un efecto de adormidera. La distancia entre su cerebro y su lengua, entonces, se le hacía tan invencible que prefería olvidarse de toda intención, de todo pensamiento. También acostumbraba a mirar de refilón por si el encuentro con la mirada de ella, si es que se producía, le obligaba a hablar. Así vio el cenicero donde Isa apagaba su cigarrillo y comprendió que no había vuelto a fumar desde que entró en la cocina porque vio luz encendida y se sentía culpable de algo.

De pronto, entre la quietud, percibió la ferocidad. Aquella obstinación de Isa buscaba asfixiarlo. Era otra clase de ferocidad, distinta de la que estaba acostumbrado. Se preguntó qué era lo que quería, lo que pretendía decirle así, de ese modo. Se preguntó cómo los dos aceptaban esa situación, cómo no había en sus almas una pizca de voluntad para cambiar la escena.

La animación en el interior del *Union Bar* subía de tono a medida que entraba la noche. Aunque los clientes se reagrupaban pronto, siempre corrían a visitar a la desfalleciente aralia en cuanto eran informados del suceso. Tras la visita, las conversaciones, por variadas que fueran, tenían todas un fondo común de trascendencia, evidentemente impregnadas por el acontecimiento.

–Hemos perdido nuestros ideales.

–¿Si? Pues te diré una cosa: El mundo también ha perdido los suyos. O sea, que volvemos a ser un grano de arena en la montaña, como siempre, no te hagas ilusiones.

Gómez dirigía la tertulia en torno a la planta.

–Hay ocasiones en las que la vulgaridad es sólo una apariencia que encubre una intención inteligente. Hay también una especie de refinamiento en la vulgaridad –estaba diciendo.

–Hay gente bastante rara también –cortó Paraíso ajustándose sus gafas oscuras. En la otra mano guardaba una inagotable provisión de avellanas tostadas que se arrojaba a la boca una tras otra con un movimiento rápido del pulgar y el índice.

–También hay gente que se pone las gafas de sol en los locales nocturnos o que se dedica al tráfico de influencias –contestó Gómez mirando con fijeza a Paraíso.

–Seguí, Gómez –dijo Rio.

–En fin, estaba –continuó Gómez– en que se pueden decir cosas algo crudas, o de apariencia cruda que, en sus términos, también poseen un modo..., ¿cómo diría?, un modo elegante de expresión, si me entendéis.

–No me digas –dijo Paraíso sin dejar de masticar avellanas.

–Pues sí. Por ejemplo, ahora recuerdo una cancioncilla picante que sin embargo resulta ser muy sofisticada en su expresión, una especie de sofisticación de la vulgaridad. No sé si la recordáis. Canturreó:

En el África del Sur había un gigante
que intentaba dar por culo a un elefante.

–Me parece, en efecto, sofisticada y elegante –comentó Rio con aplomo.

–Un momento –solicitó Gómez atajando los murmullos–. Un momento. Atended a la segunda estrofa:

Y el elefante, que no era del oficio,
con la trompa se tapaba el orificio

–Algo le encuentro, sí, algo le encuentro –decía Paraíso, vengativo.

López Mansur continuaba afuera, en la calle, con el vaso en la mano.

La mendiga le recordó aquella tarde de Navidad, en la que había sido Rey Mago de Oriente, porque él también había acabado sintiéndose como un mendigo. En realidad fue un mendigo desde el primer momento pero la preocupación y la necesidad le hicieron creer en el Rey Gaspar durante un buen rato. Habían montado el trono sobre una tarima con escalones a la puerta de unos Grandes Almacenes y, sobre el trono, una especie de palio sobrecargado que se estremecía cada vez que el paje le plantaba un niño encima. Los dos pajes vestían ropaje de oro: Un caftán ceñido con cinturón, pantalones ajustados y botas de media caña flexibles; sólo la palidez de los rostros y las manos –un par de ellas coronadas por diez uñas rojo sangre– y los cabellos castaños que en cada caso asomaban de forma diferente bajo un desconcertante sombrero calañés, se apartaban del brillo áureo que vestía sus movimientos.

El paje de las uñas rojas era una muchacha de larga melena y un rostro de belleza no acabada de terminar, lo que le daba cierto toque de vulgaridad, pero de rasgos marcados y atractivos; masticaba chicle continuamente, como acentuando la desgana con que ejercía el oficio; él la miraba con fijeza a los ojos cada vez que le acercaba un niño para plantárselo encima; el otro paje era una muchacha menos agraciada y más aplicada que la primera y se encargaba de anotar los datos de los padres cuyos niños se fotografiaban con el Rey Gaspar; ésta se timaba con el fotógrafo, en cambio. Esa tarde hacía un frío cortante y mientras ellas se encontraban en continuo movimiento él debía permanecer en su trono; a pesar del trasiego de niños en su regazo, los pies, las manos y la espalda sufrían de los estragos de la temperatura ambiente. No le habían dado capa con que cubrirse, aduciendo que eso era propio de Papá Noel pero no de los Reyes Magos, lo cual le tuvo meditando desconcertado durante todo el tiempo que tardó en vestirse de Rey.

En los padres observaba mayor ilusión que en los niños. Los pequeños solían mostrarse intimidados en general e incluso algunos lloraban cuando el paje de las uñas rojas los separaba de sus madres para llevarlos hasta él; ya en su regazo, se confiaban viendo a sus padres haciendo toda clase de visajes por detrás del fotógrafo y desde ese momento, sintiéndose protagonistas, olvidaban al Rey, celebraban el fogonazo de los flashes y volvían al seno de la familia de la mano del segundo paje. A los quince minutos de haber comprendido que su papel no distaba mucho del que hubiera cumplido un muñeco de cartón, le entró un pronunciado abatimiento y el deseo de tomar una copa. No había esperado de aquel trabajo otro acicate que el de procurarse un dinero que necesitaba, pero el abatimiento se produjo por verse allí sentado, fuera de lugar y de sentido, y porque se compadecía de un pobre diablo como era él en esa Navidad.

A medida que transcurría el tiempo se encontró peor. Empezaba a dolerle el trasero y sentía pinchazos en las piernas o ligeros y fugaces calambres que anunciaban más firmes dolores. La espalda seguía recibiendo frío. Necesitaba tomar una copa y estirar las piernas pero la perspectiva era una jornada de tarde completa, horario de comercio, de la que sólo había cumplido la primera hora. Nunca pensó que aquel trabajo de apariencia tan sencilla fuera un matahombres. Pensó en levantarse entre niño y niño pero se lo impedía la indiferente celeridad con que el paje de las uñas rojas le aproximaba las criaturas y un cierto sentido del decoro, pues no acababa de ver a todo un Rey Mago, aunque fuera de Grandes Almacenes y en horario de tarde, levantándose de vez en cuando del trono para dar unas pataditas en el suelo y desentumecer los músculos. Tampoco tomar una copa. Había comenzado a las cinco y antes de una hora estaría muerto, en su opinión, y entonces tendrían que sostener su cadáver aún otra hora más, atado al trono o como fuese, para que siguiera recibiendo niños encima y el fotógrafo continuara enviando sus flashes mientras el paje de las uñas rojas le recolocaba la corona, cada vez más ladeada, en la cabeza muerta: pensó que quizá tuvieran que fijarle los párpados con diminutas tiras de esparadrapo para mantener los ojos abiertos porque a nadie le agradaría descubrir, una vez en casa, que el Rey Mago de la fotografía tenía los ojos cerrados como si estuviera durmiendo la mona con intensa palidez.

Quizá fuera fruto de la desesperación, de la falta de estima por sí mismo en aquellos momentos o del impulso atávico, pero el caso es que a la enésima vez que el paje le plantó un niño encima, él le plantó al paje con dulzura la mano en la cara interior del muslo. Como no percibiera rechazo alguno, se regocijó. Empezó a hacer planes y a recuperar el ánimo. Dejó pasar dos criaturas y volvió a repetir la operación con el mismo resultado. La noche –pensó– bien podría continuar hasta muy tarde.

Sólo varios tocamientos más tarde apreció una cosa y comprobó otra. En cuanto a la primera, se trataba de una inesperada mirada llena de furia seca; la segunda, casi consecuente, fue un golpe de luz en su cerebro y un recuerdo más sereno de su tacto: El pantalón de los pajes era ceñido, sí, pero acolchado como para protegerse del frío cortante de aquella dura tarde navideña. Lo confirmó todo al ver que el paje de las uñas rojas ya no se acercaba a él de costado sino de frente y con el niño por delante y se arqueaba, al entregárselo, de un modo exagerado. Esbozó, pues, un gesto de comprensión a la primera oportunidad –oportunidad nada difícil de encontrar, pues el paje le vigilaba atentamente– y se dijo para sus adentros que, en cuanto el paje se confiase o, simplemente, en cuanto viera la menor oportunidad, le pondría directamente la mano en la puerta de la vida.

Así, careciendo de recursos, sintiendo ya cómo el frío empezaba a descender a lo largo de la columna vertebral, aplastado por todos los niños de Madrid sin piedad y sin fe, molido el regazo y falto de ganas de sonreír a la inocencia y al fotógrafo, volvió a pensar en la bebida.

Volvió a pensar en la bebida y miró a la mendiga; en el fondo de la copa se agitaba un resto de alcohol aguado pero decidió aguardar y mirar. La mendiga le ignoraba por completo y, aunque había dejado de reír, mantenía la frente apoyada en las rodillas. Se había envuelto de tal modo con la larga falda y el chaquetón que parecía un paquete. Cubría su cabeza con un gorro de lana calado hasta las cejas y era menuda y se sentaba junto a una pila de cartones sobre la que reposaba un atadijo que debía contener todas sus pertenencias. Era joven y parecía poco agraciada aunque apenas si dejaba ver su rostro; Mansur sabía que no lo era pero le intrigaba su juventud.

«¿No hay una copa para un Rey Mago?», susurró al oído del segundo paje cuando le quitaba otro niño de encima. El paje le miró sorprendido, detuvo al niño en el aire y lo depositó luego en el suelo mientras comenzaba a reír con una risa baja y entrecortada. Entonces el Rey Mago rompió a reír con ella de una manera cómplice y así estuvieron conteniéndose y riéndose durante dos o tres niños más, hasta que el paje de las uñas rojas, aprovechando el viaje en volandas de otro niño, le susurró: «¿Se puede saber qué os pasa?» Mansur creyó llegado el momento de volver a las insinuaciones pero un último reflejo le hizo ser prudente. Lo malo era que ya no podía evitar la risa que el otro paje y él se contagiaban por momentos. Primero fue el fotógrafo quien le hizo gestos de contención; luego el paje de las uñas rojas le plantó violentamente encima un niño, que se quejó, mientras susurraba en su oído, esta vez con dureza: «No te rías, gilipollas, que nos la vamos a jugar.» Entonces empezó a hacer desesperados intentos por mantener la compostura mientras imaginaba a un Rey Mago carcajeándose solo en su trono y la imagen le pareció tan hilarante que pudo con todos sus buenos deseos y tuvo que ocultarse tras un niño para tratar de sofocar, o por lo menos disimular, la risa loca que le había acometido.

El fotógrafo manoseaba la cámara entre disparo y disparo con una mezcla de inquietud y dureza que presagiaba el desastre. De cuando en cuando acentuaba su severidad intercambiando miradas con el segundo paje, que vacilaba entre él y el Rey Mago a la hora de tomar una determinación. En la fila india de los padres que aguardaban con sus niños a ver cumplida la ilusión navideña comenzaban a manifestarse síntomas de desconcierto que el paje de las uñas rojas intentaba atenuar sonriendo de manera escandalosa tras haber arrojado apresuradamente el chicle. Y el Rey Mago, entretanto, apenas veía nada, velados sus ojos por las lágrimas que acompañaban su risa convulsa. En algún lugar de su mente destellaba todavía una desesperada llamada al orden, real pero impotente. Entonces el niño que tenía entre las piernas rió, a nadie primero, a sus padres después, y la simpatía entre Rey y niño provocó un efecto de risa extendida desde los niños más cercanos hasta los del resto de la cola que degeneró en una feroz competencia exhibicionista de risotadas sin orden ni concierto. Paradójicamente, toda la agitación creó un efecto de parálisis. Nadie avanzaba ni retrocedía. El estancamiento amenazaba convertirse en un colapso y, mientras tanto, fuera del círculo de luz del trono y de los luminosos que cubrían la fachada de los Grandes Almacenes, la oscuridad y el frío castigaban el paso de los transeúntes y difuminaban las luces de los automóviles y de las farolas del alumbrado creando una neblina titilante y fría a la vez, allí donde el estruendo del tráfico era ajeno al flujo histriónico del pequeño reino del Rey Gaspar.

Los dos ojos del encargado se clavaron en los suyos como los de un jaguar. El caudal de lágrimas rientes de Mansur se cortó en seco mientras el otro silabeaba su amenaza: «O dejas de reírte ya mismo, pedazo de cabrón, o te rebano los huevos», dijo el jaguar. Mansur cerró las manos sobre los brazos del trono a la vez que entraba también en su campo de visión, muy cerca, el rostro del paje de las uñas rojas. Entonces, al ver pintada en aquel rostro la necesidad del dinero, se aflojaron sus manos y se llenó de tristeza y se dejó insultar hasta que el encargado recobró su compostura y empezó a recomponer la cola de gente y las ilusiones navideñas desperdigadas por el ataque de histeria colectiva.

López Mansur suspiró. A su espalda escuchaba el alboroto del interior del *Union Bar* por la puerta entreabierta. La noche no era fría pero destemplaba el cuerpo; en realidad era el atardecer, aunque a esta hora la oscuridad se apoderaba de la ciudad cuando todo el mundo salía de su trabajo y volvía a echarlos a la calle al día siguiente cuando el alba era todavía indecisa. Siempre le había resultado deprimente tanto tiempo de oscuridad. Aún no habían llegado al viejo abril, la fecha en que por fin se vislumbraba, para él y para otra gente como él, el camino hacia la noche más radiante, la noche de las hogueras de San Juan. Mansur miró a la mendiga otra vez, preguntándose si sabía en qué tiempo estaban y si conocería el sentido de las estaciones.

Los Grandes Almacenes cerraban a las ocho pero la cola de niños no desapareció hasta las ocho y media. Cuando el Rey Gaspar pudo ponerse en pie le temblaban las piernas y lo único que deseaba era una copa de coñac para echársela por la médula espinal directamente desde la garganta. Todo el mundo recogía apresuradamente sus trapos y pertenencias. El Rey Gaspar sabía perfectamente que sólo cobraría la sesión de aquella tarde a menos que el encargado no fuese capaz de improvisar otro Rey Mago, pero a pesar de todo invitó a cenar al paje de las uñas rojas porque siempre había sido un insensato; el paje estuvo simpático esta vez pero no aceptó la cena y salió corriendo con el otro para cambiarse. El Rey quedó allí hasta que le chistaron con prisas. En unos minutos, el trono y su entorno había quedado convertido en un desnudo armazón de maderas y los operarios desaparecían hacia el interior del establecimiento apresurándole para que los siguiera. Cualquier resto del tenderete, aunque fuera el Rey, significaba dejadez y retraso. Junto a la entrada habían empezado a reunirse grupos de jóvenes que, sin duda, aguardaban a las dependientas para el paseo de novios hasta la hora de la cena. Mansur, entumecido, se dirigió al interior; al fin y al cabo era una suerte que el paje no hubiera aceptado la invitación porque necesitaba el dinero. Un escalofrío le devolvió al bar. Rio estaba junto a la barra, algo alejado de los demás, distraído y meditabundo. Mansur sintió que se le había encogido el alma con los recuerdos de los últimos minutos. Últimamente, cada vez que daba marcha atrás, volvía cansado y melancólico, muy arrepentido de dejar vagar la memoria; pero también era cierto que los recuerdos le asaltaban más a menudo y que traían un aire lánguido que no recordaba propio de aquellos tiempos. Pero quizá sólo fuera efecto del cansancio pequeño que sentía cada día.

—Y... ¿qué tal le fue con la mendiga? —dijo la voz de Rio. De pronto estaban los dos acodados en la barra. López Mansur dejó escapar una sonrisa y pidió otra copa. También se preguntó si acudiría a la cita que le había dado Amanda. «¡Qué desastre!», exclamó para sus adentros sin referirse especialmente a nada.

Gómez vino y se llevó a Rio a la esquina donde agonizaba la aralia.

–Bueno, cuenta –empezó–. ¿Qué le sucede al poeta lírico?

–Mujeres –contestó lacónico Rio.

–Vamos, Rio, no jodas –dijo Parodio.

–Le llamó una mujer. Creo que una tal Amanda, mira qué nombre. –Parodio enrojeció.

–Olvidé el recado. Qué problema –dijo Baker mientras preparaba con toda energía unos Martini cocktail.

–¿Qué me dices? –saltó Gómez–. ¿Amanda la Roja?

–¿Amanda la Roja? –preguntó a su vez Baker abandonando la cocktelera.

–En mi opinión –concluyó Gómez– eso quiere decir que pronto habrá problemas.

El *Union Bar* se llenaba indefectiblemente desde las diez de la noche y continuaba así hasta el cierre. La hora de cierre se adecuaba perfectamente al estado de ánimo de su propietario pero la costumbre del equipo de veteranos era acompañarle desde la desaparición o expulsión del último cliente hasta el cierre efectivo del local. No todos conseguían cumplir este último acuerdo, porque las ocupaciones del día siguiente mandaban, pero siempre quedaba alguno en representación junto a Baker. En esta última fase, los resistentes apuraban las dos copas finales mientras Baker recogía el local y hacía arqueo, unas veces maldiciendo, otras muy concentrado y otras incorporándose a la conversación, que era lo más corriente y que acentuaba la incertidumbre sobre el verdadero momento del cierre.

–Jamás en mi vida oí hablar de nadie que se llamase Amanda la Roja. Vaya nombre. ¿Era una *Gun-woman* o algo así? –preguntó Paraíso.

–Pues no te diría yo que no –observó Gómez soplando con estudiada atención la brasa de su cigarrillo–. No te diría yo que no.

Baker pasó junto a ellos estrechando una colección de jarras rebosantes de cerveza entre sus brazos.

–¿Amanda la Roja? –volvió a preguntar con admiración antes de desaparecer entre la multitud.

–No logro comprender la inquina de este norteamericano contra las bandejas de servir, te juro –dijo Rio siguiéndole con la vista.

–¿Cómo que no dirías tú que no? La verdad, Gómez, es que tienes sangre de horchata para contar las cosas –dijo Paraíso realmente malhumorado.

–Bueno –replicó Gómez–. Era lo que llamábamos una petrolera en la época.

–¡Muchachos! ¡Una petrolera! ¡Quiero conocerla esta misma noche! ¡Necesito conocerla esta misma noche! –dijo un tipo de pelo rizado y peinado hacia atrás con agua mientras batía palmas y contoneaba las caderas con un estilo fin-de-semana-recién-empezado. Era viernes y los componentes de la banda llegaban de sus trabajos o de su casa con la intención de extenuar las horas de oscuridad que les separaban del siguiente día libre.

–No jodas. ¿Una petrolera? –dijo Paraíso–. ¿Y qué le vio Mansur a una tía así?

–Lo que yo hubiera dado el alma por ver, Angelito, lo que

yo hubiera dado el alma por ver –contestó Gómez acariciando redondeces imaginarias en el aire con la mano libre. Los otros le miraron con una sonrisa expectante mientras se hacían un hueco cómodo en el rincón de la barra. El local estaba infestado de tabaco y olor a alcohol. Los dos extractores situados en los vértices superiores de las ventanas giraban sin poder absorber la masa de humo que se apelotonaba en torno a ellos y el humazo, a veces, rebotaba contra las palas giratorias de los ventiladores del techo.

–Pero las pelirrojas son todas flaquitas –precisó Rio dirigiéndose a Gómez, que todavía dibujaba curvas en el aire. Había un contenido tono de pregunta en su ambigua afirmación.

–Ésta no –dijo Gómez por toda respuesta, exhibiendo una sonrisa enigmática.

–¿No? ¿Me estás diciendo que era una pelirroja rellenita? –dijo Paraíso.

–Es. *Es.* –contestó Gómez–. Es decir, si es como era.

–¡Madre mía! –exclamó Paraíso; por un momento pareció quedar congelado, como una imagen detenida en un televisor, el cuerpo y la cabeza inclinados hacia delante, los brazos abiertos y las manos rematando el estático asombro; sólo la emoción de la mirada traicionaba la estatuaria composición de incredulidad de su cuerpo. Pero en seguida el movimiento regresó a sus miembros y, al regresar, trajo consigo el aplastante bullicio del local que, ante el sorprendente éxtasis, había quedado suspendido para todos los contertulios.

–Pero bueno –estaba preguntando el tipo del pelo rizado y húmedo–. ¿Lo de roja es por razones ideológicas o corporales?

–Las dos cosas –insistía Gómez con fastidio–. Las dos cosas.

–Una pelirroja, y abundante, y de izquierdas... ¡Madre mía! –decía Paraíso en actitud de acción de gracias.

–Pero... ¿una mujer comprometida de verdad? ¿Metida en serio? –preguntaba el del pelo rizado y húmedo.

–Toda mi vida soñando con una pelirroja gordita –decía Paraíso ahora en el resplandor beatífico del peregrino al que se le ha concedido al fin la gracia que era objeto de su viaje.

–Sí, señor. Petrolera. Metida hasta las cachas. Tan loca y tan irresponsable como todas las petroleras. Por cierto –dijo Gómez dirigiéndose a Paraíso–, que yo no he dicho que fuera gordita.

–¿Y cómo es que aparece ahora? ¿Dónde estaba? –preguntó Paraíso–. ¿Por qué no la conocí entonces?

–No se cómo ha vuelto, pero puede hacerlo. Supongo que estará amnistiada desde el 77. –dijo Gómez–. En fin, insisto, no creo que sea para nada bueno.

Campanilla azul, compadéceme. Había mirado el rostro de Isa inclinado sobre el periódico y cubierto por la corta melena vencida hacia delante y eso le hizo recordar aquel viaje en tren, de vuelta de las vacaciones, leyendo en silencio, con la niña mayor dormida a su lado. La pequeña, despierta como un pájaro al amanecer, viajaba de rodillas sobre el asiento con la frente apoyada en el cristal de la ventanilla; hablaba sin parar, ajena por completo al melancólico estado de Andrés e Isa; a ellos se les venían encima once meses de trabajo diario mientras iban quedando atrás, como los postes del tendido telefónico que veían desaparecer uno tras otro a lo largo de la vía del ferrocarril, los momentos de gozo y reposo que animaron las vacaciones.

La pequeña miraba por la ventanilla señalando con el dedo el paisaje que se modificaba constantemente ante ellos y él había estado dando nombre a las formas que entraban en sus campos visuales. «Un pastor, unas ovejitas, un perro...», decía él, y ella lo repetía una y otra vez con deleite. Así era el juego hasta que llegaron a un túnel y ella se quedó perpleja. «Un túnel», dijo él. «Un túnel», dijo ella, y de seguido, con su dedo índice señalando la oscuridad, siguió diciendo: «Un pastor, unas ovejitas, un perro...» Andrés Palacio comprendió que los estaba viendo y se preguntó cuál era la realidad, dónde estaba la vida, si en la mente de la niña o en la negrura del túnel.

Entonces fue cuando comprendió que había perdido la infancia de igual manera que las vacaciones, aunque las vacaciones volverían al año siguiente. Delante estaba la costumbre, el trabajo, la larga espera del asueto; todo lo más que podía permitirse era proteger la infancia de sus hijas hasta que su natural desarrollo las arrojase al fin en brazos de un muchacho que reiniciara con ellas el ciclo de la vida. No había sabido esto desde el primer día en que hubo de buscarse el sustento, desde el día en que salió de la casa paterna y también de la Universidad para acceder a la meta soñada de la independencia; el día que cruzó bajo aquel umbral, la arrogancia se sobrepuso de tal modo a las intuiciones, a la memoria, a la incertidumbre, que ni oyó el ruido de las puertas que se cerraban tras él con un sordo y fuerte golpe de clausura ni volvió la vista siquiera un segundo hacia la infancia definitivamente abolida por una adolescencia anhelosa y una juventud triunfante. Lo había sabido sólo cuando la fuerza de las cosas empezó a tirar del conocimiento. Mucho después, en el tren de vuelta, diciendo a su hija los nombres de las cosas del mundo, había descubierto que ella contenía y veía todos los mundos.

Una gota de piedad, eso había destilado su cuerpo viendo a su hija señalar con el dedo a la oscuridad y eso destilaba ahora al ver la melena corta de Isa volcada hacia delante, *campanilla azul,* cubriendo su rostro inclinado sobre el periódico con una atención que la costumbre ya no conseguía hacer hiriente. Veía ese gesto como esterilidad de la venganza pero también como una especie de pereza que casi le hacia llorar, allí los dos dejando pasar el tiempo y el silencio, dejándose llevar por la pena que su corazón refluía en ese estado de quietud que temblaba sin embargo como una gota de agua y de piedad.

Se acordó de la pelirroja, de Mansur otra vez, del aeropuerto y de la lluvia gris. Era un día que no se terminaba nunca. La casa parecía haber perdido sus habitaciones, o que se hubieran ido, o que estaban más allá de donde podía sentirlas. Las niñas estarían dormidas, fuera de ese espacio que se estaba configurando más allá de sus sensaciones inmediatas; la casa estaba en la cocina, solamente, ya no era una casa sino Isa y él, solamente, uno a cada lado de la mesa bajo la luz de una lámpara, una pareja en un escenario naturalista que se va oscureciendo poco a poco, hasta que el haz de luz deja a solas a los dos personajes y parece como si el auditorio –en este caso inexistente– hubiera de prepararse para una escena tensa y cruenta en la que el autor (¿quién es el autor?) se dispone a encerrar en un puño la atención de los espectadores. *Campanilla azul,* pensó Palacio al borde de las lágrimas.

Pero no había lágrimas. Palacio encendió con calma un cigarrillo, conocía la situación y no era diferente de las anteriores: En realidad, la suya era una relación perfectamente establecida sobre una dureza primordial que el tiempo no había hecho otra cosa que definir con precisión. La luz de la lámpara sobre la mesa se había extendido a toda la cocina otra vez. Isa buscó a tientas otro cigarrillo en el paquete que estaba sobre la mesa y lo prendió sin variar de postura, quieta e inclinada sobre el periódico. «Además» –pensó– «el Teatro». Isa había hecho teatro en los grupos universitarios. Era teatro el que estaba haciendo al final de este duro día de regreso. Teatro. Una manera de dar a entender. «Toda la escena preparada y ella también» –pensaba. Decidió hacer recuento de las copas desde que bajó del avión pero sólo entendió, en seguida, que eran copas para distanciar el encuentro de esa noche, nada más, por ningún motivo especial, sólo por distanciarlo, claro, y no eran tantas copas pero eran las suficientes para distanciarlo, para provocar la lentitud que estableciera la distancia hasta el día de mañana. Había veces en que no podía soportar la vuelta. Eso era todo. Luego, al otro día, se pasaba la sensación y todo quedaba resuelto. «¿Qué le costaría entenderlo?» –pensaba.

Volvió a la idea del teatro y empezó a imaginar la representación. Un escenario oscurecido; volvió el haz de luz a estrechar el círculo en que se hallaban, ambos cuerpos inclinados, uno sobre la mesa, el otro sobre sí mismo sentado en la silla, el humo del cigarrillo ascendiendo. Lo contemplaba desde el anfiteatro, sobre el escenario y los personajes. Él comenzaba primero:

–*Estoy cansado.* (pausa) *Llevo en pie desde las cinco de la mañana* (pausa) *O de la noche. Era tan de noche como ahora mismo*

Ella.– *Yo estaba en pie a las seis y media y también era de noche.* (pausa. En ningún momento levanta la cabeza del periódico) *Me divierte levantarme a esas horas a hacer desayunos antes de irme al trabajo.*

Él.– (Acostumbrado, tranquilo) *A mí no. Yo detestaría hacerlo.*

Ella.– *Se ve que es cuestión de gustos.* (Echa la cabeza atrás para quitarse el pelo de la cara y fuma. Vuelve luego a inclinarse sobre el periódico) *¿Te han castigado hoy en la oficina?*

Él.– *Sí.* (pausa). *No me gusta el invierno, me parece horrible salir de casa a oscuras y volver a casa a oscuras.* (pausa) *Es una vida de minero.*

Ella.– *Es verdad.*

Él.– *A veces veo la escena de un hombre trabajando bajo la luz eléctrica, agitando papeles y hablando por teléfono y es como si me estuviera viendo, como si fuera yo.* (pausa) *Una vez lo soñé.* (pausa) *¿Qué querrá decir eso?*

Ella.– (Que continúa sin levantar la vista del periódico; de vez en cuando se echa el pelo hacia atrás con la mano que sostiene el cigarrillo) *Quiere decir que te estás volviendo loco; muy despacio, pero loco.*

Él.– (Mirándola) *Te vas a quemar el pelo con el pitillo.* (Vuelve a reclinarse y mirar hacia abajo. Silencio) *Si me vol-*

viera loco lo notaría. Creo que tengo las cosas bien amarradas. (pausa) *Hay gente que se vuelve loca sin darse cuenta, eso sí.*

Ella.– *Todo el mundo se vuelve loco sin darse cuenta, no seas estúpido.*

Él.– *Bueno, es igual. Yo no lo estoy y punto.* (pausa) *Pero lo estaré.* (pausa) *A veces, cuando los días son más cortos y nos levantamos a oscuras y nos acostamos a oscuras, pienso que está más cerca el momento. Pero luego, a medida que avanza la primavera, voy mejorando.* (pausa) *Supongo que de tanto asomarse al abismo uno se acaba cayendo.* (pausa) *Sí* (con convicción) *así es como me sucederá. De golpe. Es lo mejor.* (pausa. Medita) *Espero que entonces me llevéis a El Árbol.*

Ella.– *Sí. A prepararte el desayuno a oscuras. Ya lo había pensado.* (Continúa leyendo.)

Él.– *Me gusta la casa de El Árbol. Es belleza.*

Ella.– *Yo también.* (deja escapar una risita)

Él.– *Sí, supongo. Pero te vistes mal.*

Ella.– *Pero preparo los desayunos. Me levanto la primera y preparo los desayunos bajo la luz eléctrica. Eso afea mucho.*

Él.– *Sí, claro; pero yo hablaba de vestidos.*

Ella.– *Cuando termináis de desayunar ya no me queda tiempo para vestirme. Así que me pongo lo primero que pillo* (pausa) *En la oficina gusto* (deja escapar otra risita).

Él.– (La mira por segunda vez) *Esa melena corta es bonita. Es tu mejor corte. Me gusta.*

Ella.– (Echándose el pelo hacia atrás con la mano que sostiene el cigarrillo pero sin levantar los ojos del periódico) *Es cómoda y te gusta. Está bien.*

Pensó que estaba bien así y, cerrando los ojos, oscureció la escena. Al abrirlos se hallaba de nuevo en la cocina e Isa leía y acababa de encender otro cigarrillo. Cada vez le inquietaba más no saber cuántas copas había tomado porque no sentía hambre. En realidad no sentía ni siquiera el estómago. Miró otra vez los restos de la cena que se encontraban sobre la mesa y volvió a preocuparse por su falta de hambre.

—Esa Amanda yo creo que era de la Liga Comunista, ¿no? ¿O del M.C.?

—Mira, Parodio, no me des la matraca esta noche. ¿Te la quieres tirar o qué? Ahora ya no hace falta carnet para esas cosas —dijo Gómez—. No hace falta ni afinidad, ni *pedigree*, ni nada; sólo con que te guste puedes intentarlo.

—Me cago en todos tus muertos —contestó Parodio enrojeciendo otra vez.

Habitualmente, cuando el local estaba lleno a rebosar, la tribu se atrincheraba junto a la aralia. Esa noche la rodeaban y protegían en un desesperado intento de conjurar el desmayo agónico antes que ocultarlo a los clientes habituales. Sentían la vergüenza de mostrar el destrozo de la reina y a la vez alimentaban el orgullo necesario para mantenerla allí tanto en la vida como en la muerte. Baker, definitivamente puesto en pie con unas dosis especiales de whisky de Kentucky que Rio le había administrado sin piedad ante la temida avalancha de clientes de los viernes, actuaba desde el interior de la barra, acaso para compensar su debilidad con la planta, como el domador que recorre el círculo central de la jaula desafiando fieramente a los leones y leonas encaramados en sus banquetas.

–Espero que no le dé un mordisco a alguien –dijo Gómez mirando a Rio que miraba con aprensión al americano. Luego preguntó a Paraíso–: ¿Cuántos centenares de miles te has embolsado hoy en comisiones?

–Muchacho –empezó Paraíso; luego rectificó–. Muchachos, vosotros sois todos una colección de pichones...

–...tan alcoholizados como tú... –apostilló Gómez

–...que andáis siempre picoteando en las migajas o en el comedero que os ponen bajo el pico. Yo entiendo la envidia –continuó–. Sana e insana, las dos. Hoy en día se paga a la gente por presentar a la gente, eso es todo; pero hay que saber hacerlo. Tú y yo y vosotros comenzamos con la misma Agenda ¿o no? Pero yo potencio negocios y vosotros tiráis de agenda solamente para quedar en ir al cine. Si hay algo de malo en eso...

–Hay algo malo en ti, Paraíso –dijo Gómez– pero te salvan los muchos años de Cine-club y tu colección de discos de jazz.

–Estupendo. Invito a una ronda con mis cuantiosas ganancias del día. Es decir, si ese americano sediento de sangre deja de dar latigazos a los clientes.

–Vaya noche –comentó Gómez–. El americano, sediento de sangre; y el autor de Dolores Amores, reventando de dignidad ofendida.

–Y bueno, él quería saber de Amanda ¿no es cierto? –dijo Rio abriendo las manos.

–Escucha, pelotudo –dijo Gómez–. Se te perdonan las cosas por la situación que atraviesa Latinoamérica pero yo te digo que ese gordo inmundo que se acaba de largar a poner la nuca bajo el grifo del lavabo está cachondo desde que Baker le dijo a Mansur que había llamado la pelirroja.

–Yo también me puse –dijo Rio.

–Mi colección de discos de jazz, que es fabulosa –puntualizaba Paraíso– sale de las mismas comisiones que pagan esta ronda.

–Pero tú no estabas aquí –dijo Gómez a Rio haciendo

caso omiso del otro– cuando estábamos nosotros, incluido este reptil súbitamente enriquecido –dijo señalando a Paraíso, que buscaba su tabaco por todos los bolsillos del traje–. Mansur se jugó el cuello de la manera más estúpida por sacarla de un agujero muy peligroso mientras los Parodios no tenían siquiera arrestos para tocarle el culo, que es lo que estaban deseando. Así que de lo que no se enteró entonces mucho menos se va a enterar ahora y menos haciéndose el inocente y preguntando que dónde andaba ella. Parodio dibuja su Dolores Amores porque no tuvo los cojones de hacer lo que quería hacer, ¿hablo claro?

–Oye –Rio habló despacio, entre tierno y firme, en semitono– ¿Y tú y yo? –marcó una pausa– ¿Te digo una cosa? Lo que no hacemos por miedo lo hacemos por sublimación. Casi siempre. ¿Qué tiene de malo? Tú estás jodido por Mansur, Parodio ha empezado a volar con la idea de la pelirroja. ¿Y? ¿Dónde está el problema?

Gómez pensó que si él supiera dónde estaba el problema quizá no existiera el *Union Bar*. Gómez estaba acostumbrado a ver de lejos y no quería saber por qué, pero siempre consideró que su fuerte era la perspectiva; por eso, cuando sus deducciones a medio o a largo plazo abandonaban el curso del afluente que las engendraba para entrar en el caudal del río principal, él ya sólo corría o caminaba por la orilla siguiendo el curso de sus presagios hasta que éstos se precipitaban en los rápidos y él desandaba el camino, otra vez hacia la fuente de los acontecimientos, meditando acerca de la verdad de unas visiones que le estaban amargando el carácter. Así había visto –tan sólo necesitó observar el rostro de Mansur al teléfono para saber con quién estaba hablando– el camino de su amigo para esa noche y quizá más allá de esa noche. Era una premonición tan vibrante que se adelantaba incluso a su percepción del suceso. Era esa clase de percepción que le atacaba como un mal presagio porque al presagio seguía un golpe de convicción.

–Tienes razón –admitió Gómez, y quedó en silencio.

Luego, después de un rato, Rio dijo:

–De todas formas Mansur sólo fue a ver qué quería la tipa.

–Lo sé –dijo Gómez.

–Yo creo que sí –insistió Rio.

–Y yo –contestó Gómez–. Y él –añadió.

Se había preguntado si Isa hablaría por fin pero lo había estado deseando cada vez menos. Se encontraban en la desagradable situación de saber que no podía irse a la cama sin que algo sucediera y cada minuto nuevo exigía sajar antes la atmósfera para liberarla del humor maligno que la oprimía. También había estado observando la cocina desde hacía algún tiempo y la escena y el lugar le parecieron además mediocres. Ese estigma de fealdad que estaba adherido a las cosas de la casa como una segunda piel era una carga. Cerca, en la mesa, el olor de las cenizas, las colillas y los restos fríos de café en la taza le habían quitado el hambre. La cena, distribuida en fuentes sobre los quemadores apagados de la cocina, parecía encogerse bajo una capa de grasa fría que sugería suciedad y corrupción. Había una suerte de sedimento intratable que desde lo insignificante, en las junturas y bisagras, en los burletes y tras los rodapiés, en los tornillos y en las abrazaderas, corroía y corrompía la casa como una imitación de sus almas en aquel espacio de rancidez; porque también el olor a rancio parecía nutrir la apelmazada presencia del aire encerrado en la cocina, como un efecto de sinestesia de la propia cena fría que reposaba sobre los quemadores.

Isa clavaba sus ojos en el periódico abierto, cuidadosamente alisado, y Palacio vio otra vez en el gesto la fuerza de la venganza. Era la segunda vez en la noche. Lo vio simultáneamente al recuerdo del rostro de Amanda. Una confluencia no querida y además olvidada e irreproducida desde hacía años. Y de repente visualizó a Mansur abrazado a Amanda, borrachos los dos; una imagen que no acudió en el aeropuerto y ahora le obligó a enderezar el cuerpo. Se pellizcó pensando si estaría en realidad despierto o si empezaba a patinar por el alcohol.

Así que esa madrugada había tenido enfrente a Mansur y –éste era el mismo tipo al que viera en aquel bar, el *Bar Inglés*... El escritor, el poeta de Amanda. López Mansur el compañero de clase, el ladrón del bolígrafo de plata. Andrés sacudió la cabeza y se irguió en la silla con un estremecimiento que atrapó la mirada de Isa. Entonces creyó que había oído su voz cuando quizá se disponía a hablar a su vez. «¿No vas a cenar?», había dicho sin levantar los ojos del periódico después, alzando un nuevo cigarrillo encendido por delante del pelo que se vencía sobre la cara, acaso un gesto de protección. Había escuchado la voz, un sonido sin entonación especial y una pregunta hecha sin curiosidad. Y quizá por eso se aplomó.

Acaso Isa dejara ver demasiado su juego en aquella actitud de desinterés. Ahora la imagen antigua de Mansur en el *Bar Inglés* destellaba en su cabeza; la imagen de la espalda de Mansur abrazado a la espalda de Amanda. Empezó a pensar que la artrosis estaba llegando al cerebro por fin. Había visto a Mansur esa mañana y sólo ahora establecía la relación. Era un imbécil y contestó como un imbécil: «No. No voy a cenar» –dijo con voz enronquecida, mirando al suelo delante de sus pies–. «No tengo hambre», había añadido por decir algo más, quizá por no correr tan pronto la cortina de silencio, otra vez. Ella ni contestó ni pareció haber oído; pasó otra página y Andrés vio que era la última. La leía tan atentamente como el resto del periódico, absorta. El escueto intercambio de voces parecía haber roto no el silencio sino la inmovilidad. Andrés intuyó que Isa se disponía a retirarse; la venganza también, hasta el día siguiente. Quedaba la noche. Así que Mansur era aquel tipo. Ni por un momento lo relacionó, qué extraordinario –se dijo. Mansur el poeta. Qué increíble. Pero ya no tenía fuerzas para pensar más; se le estaban cerrando los ojos. Era hora de dormir.

Estuvo dando vueltas y más vueltas en la cama y, aunque agotado y exasperado, no abrió los ojos porque al otro lado de los párpados cerrados acechaban la turbiedad y el malestar del exceso de alcohol. Sabía que afuera, más allá de la ventana, la oscuridad era tanta como la del dormitorio y la suya propia; estaba rodeado de oscuridad, quieto y encogido. Debió haberse adormecido porque Isa le sobresaltó con chistidos para que dejase de roncar y de revolverse. Y ahora se sentía dentro de un espacio bajo sábanas semejante a una incubadora donde debía recobrar el sueño y mover el cuerpo lo menos posible.

En el estado en que se encontraba y sin la menor intención de abrir los ojos, no podía consultar su reloj. Además, no podía ver la esfera en la oscuridad. Su existencia era sólo la que contenía la mente, despierta, tratando de dar forma a alguna ensoñación que, entreteniéndole, le permitiera llegar hasta la misma boca del sueño para desaparecer por ella sin darse cuenta. Por el contrario, si abría los ojos y hacía por ver la hora en el reloj tendría que alzarse, salir del cuarto a buscar una luz que no molestara a Isa, afrontar también el característico zumbido en la cabeza y esa mezcla de descoordinación y estupor propias de quien aún está a merced de sus excesos y no durmiendo.

Entonces aquel tipo del pelo largo era López Mansur –pensó otra vez–. Lo recordaba de espaldas, abrazado a Amanda, en aquel bar casual, ella de perfil y ambos casi tambaleantes, justo después de todo el desastre. Tendría que haberlo reconocido a pesar del tiempo y del aspecto, aunque sólo fuera por vibraciones, aunque sólo fuera por lo que sintió entonces, aunque sólo conociera su cabello largo y el cuello de la chaqueta levantada, aunque no quedara rastro de él en el hombre que reconoció en el aeropuerto. López Mansur y su maldito bolígrafo. López Mansur y la pequeñez del mundo. Que se fuera al diablo –pensó.

Había sentido una punzada en la parte derecha del abdomen en una de sus cautelosas vueltas sobre la sábana y ya no desapareció. Últimamente seguía con inquietud la aparición de extraños dolores en forma de punzadas; eran extraños y nuevos. Lo había comentado con algunas personas de confianza y todos ellos daban por hecho que no era más que un sencillo problema de gases, muy común en gente como él, que se alimentaba de cualquier manera y no renunciaba al alcohol ni al tabaco. Sin embargo, y aun aceptando la lógica y hasta la evidencia del diagnóstico, la duda no era menor que los dolores. ¿Qué estaría ocurriendo en su estómago, en sus intestinos, en este momento? Un año antes los médicos le advirtieron que de continuar con su ritmo de tabaco y alcohol y su descuido a la hora de alimentarse, «en fin, lo de siempre», las estriadas paredes del duodeno alcanzarían la úlcera. En alguna parte había leído que la úlcera de duodeno era la consecuencia clásica de llevar una vida de quiero-y-no-puedo y su significado le inquietaba bastante más que los efectos de la hipotética lesión; los desarreglos intestinales le molestaban cada año con mayor frecuencia. También había leído que la inflamación del apéndice ocasionaba dolores reflejos y más de una noche se había despertado envuelto en sudor bajo los efectos de una dolorosa punzada en alguna parte del abdomen pensando si se trataría del último aviso de una apendicitis que podía llevarlo a la tumba en unas horas mientras dudaba entre acudir a Urgencias de cualquier Hospital o serenarse. En realidad había pensado en más de una ocasión extirparse el apéndice para acabar por fin con aquella lancinante obsesión.

Otras veces la punzada subía hasta el pecho. En esos casos era más corta, menos profunda pero fría, una especie de pinchazo seco y glacial que permanecía de manera inconstante hasta que, en general, el mismo sueño se encargaba de hacerlo desaparecer por alguno de sus recovecos y a la mañana siguiente ya lo había olvidado. Pero otras veces ese frío en el pecho le llegaba durante la jornada de trabajo y a veces se veía forzado a interrrumpirla para tomar un café y mover un poco las piernas, mientras cavilaba acerca de las diferencias entre sentirlo en la parte derecha del pecho o en la izquierda, donde estaba el corazón. Solían ser más frecuentes los pinchazos en el lado derecho pero eso no le tranquilizaba tampoco porque había llegado a la conclusión de que sí que sentía de veras temor ante la muerte, ahora, *nel mezzo del camin*. Sobre todo la muerte súbita y temprana le parecía una abominación, una de esas aberraciones del tiempo y la suerte que caen sobre los hombres, una incubación de la malignidad.

Había dado tantas vueltas y tan lentas y cautelosas sobre sí mismo que ya le costaba calcular el tiempo que llevaba desvelado. Mezclaba sueños y pensamientos con sensaciones corporales, lo que le hacía sospechar que en más de una ocasión estuvo a punto de conseguir perderse en el sueño. Esa noche atribuía el dolor del costado a los efectos del alcohol en su estómago; tenía el estómago revuelto desde que se levantó al alba.

Hasta aquel momento había logrado casi excluir las imágenes de Isa y Amanda pero a cada minuto que pasaba le costaba mayor atención eludirlas. Quizá hubiera debido interrogar a Isa acerca de Amanda y Mansur, quizá Isa también conociera a Mansur, quizá se hubiera acostado con él en los años en que la dejó para irse con Amanda. ¿Por qué diablos aparecía de pronto Mansur por todas partes? –se preguntó irritado; luego la irritación aumentó al darse cuenta de que así se alejaba más del sueño. La irritación era un antídoto. Si no hacía algo o tomaba algo el peligro de pasar la noche en blanco era cada vez mayor. Tomar algo para dormir o para desvelarse, eso le recordaba la Universidad, las noches anterior y posterior a los exámenes, sobre todo. Entonces se acordó del recurso.

Solía recrear, antes de dormirse, imágenes gratas, que le predisponían poco a poco, casi sin sentirlo, a abandonar el mundo de la voluntad y de la conciencia. Primero era la herencia de su formación religiosa, en la que las historias de la vida de los santos incidieron en su imaginación de manera muy especial desde los años de la primera comunión. Aquellas vidas que hoy le parecían grotescas contenían sin embargo un sentido de la rectitud que él sabía hasta qué punto impregnaba esa conciencia por la que hoy sufría. Aquellas vidas le hicieron soñar muchas veces durante la infancia, mientras acudía el verdadero sueño, y luego en la adolescencia las sustituyó por las historias de aventuras. Pero de niño se entretenía en suplantar a Santo Dominguito Savio o a San Luis Gonzaga y, en especial, a su favorito, San Francisco Javier, que le inspiraba tanto temor como atracción y cuyas historias eran las que más adornaba, buscando el sueño.

Ahora buscó, echó la vista atrás, quizá queriendo recordar alguna de aquellas historias de aventuras, por el camino de la memoria, en busca del sueño, buscando inventar para poder dormirse. No había vuelto a practicarlo antes de dormirse desde hacía años porque ahora prefería inventarlas de pronto entre página y página de una lectura, allá al fondo en el cuarto que todos seguían llamando, él el primero, el cuarto de las chachas. No. Eso era en casa de sus padres. Ellos sólo habían tenido una, después del primer embarazo de Isa, por eso lo llamaban el cuarto de la criada. De la criada.

López Mansur salió con otro whisky a la calle. La mendiga no estaba. Miró a un lado y a otro. Ningún rastro. La mendiga había desaparecido. Mansur echó a andar tras ella, con el vaso en la mano.

No sabía por qué había tomado esa dirección concreta pero tampoco por qué no se detenía y reflexionaba. Simplemente anduvo. Andaba por una acera bien iluminada por las farolas del alumbrado público, mirando adelante pero escudriñando los portales. La mendiga era un bultito cuando se sentaba, una cosa minúscula así doblada sobre sí misma. Le costaría encontrarla si no andaba atento.

Como en los viejos tiempos –pensaba al caminar–. Pensaba en realidad en los viejos tiempos. De un tiempo a esta parte pensaba demasiado en los viejos tiempos. También ayer. Antes de echar la vista encima a aquel viejo ridículo temía lo que iba a suceder pero cuando lo vio ya no le quedaron dudas. Uno de esos traficantes de becas. Gente que dice trabajar en la Cultura y cuya ignorancia es tan desenvuelta como la cazadora de falso joven que suelen lucir para reclamar a los guayabos. Un cerebro tan correoso como la piel de la cazadora. ¡Menudos tipos! Siempre están conchabados con el que comanda la expedición cultural; yo te invito a ti, tú me invitas a mí. Menuda conversación me hizo tener.

Que si yo conozco tu obra poética, que si estamos buscando alguien como tú para que dinamice esto, porque está muerto, porque aquí la gente ya te puedes imaginar. Cuando empezó a decir esas cosas ya me di cuenta de que no tenía nada que hacer. En cuanto empieza el halago, mal asunto. Luego estaban los otros, que parecían buena gente, pero éste era temible. Yo creo que esperaba que soltase algo, no sé bien qué, pero un gancho. Yo no estoy en situación de soltar ganchos, amigo, sólo necesito el trabajo y ustedes me han mandado llamar. Yo ya tengo mis años y no puedo andar corriendo de acá para allá a ver si me conviene algo o no. Ése es el asunto. Eso es lo que se trata de decirle. Me mata tener que andar diciendo esto.

Se detuvo y miró a un tipo que le miraba. Después dejó de prestarle atención y empezó a buscar el tabaco por los bolsillos. La copa le dificultaba el trabajo pero dio un trago y la dejó sobre la acera para poder registrarse la ropa con las dos manos. Al fin salieron la cajetilla y el mechero, cada uno por su lado. Entonces se acuclilló para encender el pitillo, miró hacia arriba, tomó la copa y se enderezó. ¿Dónde estaría la mendiga? –se preguntó–. ¿Dónde van los mendigos por la noche? Dio la vuelta con la intención de regresar al bar para informarse pero no movió los pies. El *Union* estaba ya varias calles más allá en la dirección en la que miraba y le pareció una pérdida de tiempo. Además tenía la seguridad de que si continuaba dando vueltas daría con ella.

Además, lo peor es que me hayan hecho perder el tiempo y quién sabe si la oportunidad de salir de aquí por dos años. La otra oferta era también una oferta. Dos años. No es un país que me interese tanto pero son dos años. Menos trabajo. Peores bibliotecas también..., pero hoy en día tenemos ordenadores, tenemos terminales, no sé cómo decirte, no hay fronteras. En cambio el aire, estar en otro aire, en otro lugar donde no te tengan agarrado por los cojones. Maldita sea, ésta parece la España de Machado, profesor y poeta; profesor de mierda y poeta. La España profunda

Meditó ante el escaparate de una confitería. Ofrecían sandwiches variados. Miró su copa y luego los sandwiches con gesto de duda, pero no tenía hambre y reanudó el paso, con lentitud.

Creo que me voy a morir buscando otra cosa. Cuando me muera pensará todo el mundo: «Éste está buscando algo.» Ya me conocen en todas partes, eso es lo malo; no sé qué coño les importa pero eso es lo malo. Si a mí me gusta salir fuera de vez en cuando ¿qué coño les importa? Uno va, da sus clases unos años, bien, jode, lee, todas esas cosas, y un buen día se va. «¡Ya se ha ido Mansur, hombre! ¡Otra vez! ¡Estos poetas no paran en ninguna parte.» Tú dime a mí lo mucho que les puede importar eso. Pero les importa porque ellos no lo hacen y todo lo que no hacen les parece raro. Yo siempre ando buscando algo, otro sitio, porque éste no me gusta; voy a otro sitio y vuelvo; y me vuelvo a ir, por ejemplo, y vuelvo otra vez. Es lo mejor. Cuando íbamos a recoger fresa a los campos de trabajo o a vender helado a Londres era lo mismo. Te asfixias aquí y te vas allá. Que le den por culo a Franco. Y te ibas. Que empieza el curso, otra vez para acá. Es una manera de sobrevivir. Me pregunto dónde está lo raro. Lo raro soy yo, que estoy divorciado y no tengo padres, como diría una copla. A mi edad, hacer esas cosas ya no le hace gracia a la gente que te mira. En cada mirada ves cómo ellos tratan de ser un espejo y a ti te toca empezar a moverte para no acabar mirándote en ellos. Cada vez es peor, poeta, cada vez es peor. Y el secretario del Departamento de Hispánicas, ese viejo ridículo, el catador de guayabos, tirando de currículum. «¿Cuándo publicó su último libro?» Pero qué cabrón.

Avanzaba por el paso de peatones con la copa en la mano cuando decidió quedarse en la acera lateral del Paseo. Era una especie de Bulevar sombrío entre las luces de neón de los alrededores y en especial de la Plaza. Salvada la boca del paso subterráneo que sucedía al de peatones que acababa de atravesar, uno podía internarse bajo los árboles y allí había un par de bancos y al fondo los restos de un aguaducho de verano y más allá se perdía hacia la siguiente Plaza que cruzaba el Paseo. Tomó asiento en un banco de piedra y colocando el vaso entre los pies, sobre la tierra, buscó otra vez tabaco y mechero, ahora con parsimonia, mirando al frente, a la vía central por la que circulaban los coches haciendo centellear sus luces blancas, amarillas y rojas en haces caprichosos que le recordaron las postales de vistas nocturnas de las grandes ciudades del mundo.

Amaba Champs Élysées. Primero amé, como todo el mundo, el Quartier Latin calle a calle, pero luego me entregué al otro lado, lo reconozco. El Boul'mich, de noche, era abigarrado, extravagante, carnal, de colores fuertes y lleno de escaparates contoneándose como putas de esquina. Champs Élysées, en cambio, tenía un punto de distancia, se exhibía pero no se contoneaba, las luces se agrupaban con distinción pero no dejaban de ser alegres y había vida. Hasta entonces la vida era el Quartier y, la clase, la rive gauche, cada cosa iba por su lado y uno sabía a qué atenerse; pero una noche en que buscaba un taxi que no apareció nunca, entré en Champs Élysées bien arriba y por primera vez descendí a París tal y como lo pensó el barón Haussmann. La cercanía y la distancia de una sola vez. De pronto estaba lleno de risas y gente y a la vez toda la ciudad abierta para mí. Como Madrid, sí, igual: Parece mentira que sobre una meseta hayan conseguido construir un agujero fétido. Infierno y desolación, calor y ruido, gases venenosos, fealdad y fealdad. Antes no me importaba porque me gustaba la gente, alguna gente, la mía, por ejemplo. Ahora está lleno de cerdos urbanos. Ya no se puede pasear y meditar, ésa es la cosa.

Dio otro trago al whisky que llevaba en el vaso.

El cabronazo del viejo. Seguro que nunca ha visto en Champs Élysées nada que merezca la pena. Me va a hundir el curso y yo estoy aquí tan tranquilo esperando a ver cómo lo hace, cómo se refocila y tira mi instancia a la papelera mientras recibe con los brazos abiertos a alguno de esos jovenzanos de éxito. Luego paseará por toda la ciudad dando lecciones al nuevo residente mientras observa de reojo los traseros de las mujeres. ¡Bah!, ese tipo nunca conocerá París mas que en una excursión colectiva del Departamento y punto. Autobús, hotelucho, precio especial para enseñantes y unas miraditas de lo más sucio con una profesora recién casada. ¡Pero qué cabrón! Yo me quedaré aquí en Madrid todo el año. Y la otra oportunidad ya se habrá perdido en la espera de ésta. Maldita sea. Estoy sin un duro y tengo ganas de pegarle a alguien. Me voy a pudrir este curso en Madrid si ese cabrón no me da el trabajo.

Dio un nuevo trago y contempló el vaso. Se había olvidado de la mendiga.

¿Y qué hago ahora con el vaso? No voy a llevarlo en el bolsillo hasta que vuelva al *Union* y antes tengo que encontrar a la mendiga. Menuda leche. Puedo buscar otro whisky. A Baker le va a dar lo mismo mientras le devuelva el vaso. Baker es terrible para estas cosas, es un avaro de los vasos, no le puedes perder uno. En fin, no sé si es correcto entrar en un bar con tu propio vaso para que te lo llenen de whisky. Supongo que se pondrán a sospechar en seguida. Y si tienes la mala suerte de llevar uno igual que el del sitio donde te has metido, te lo pueden quitar sin más ni más y encima dejarte sin whisky. ¡Menudo negocio hacía yo entonces! Me gustaría saber qué le puede importar a Baker un vaso más o menos. Te regala el whisky y te cobra el vaso, está como una cabra. En fin, tienes que moverte, poeta. Un poco de carburante y a seguir a la mendiga. Lo que más me jode es haberme tenido que tragar la charla de ese tío; tomar un avión y cruzar Europa para leer unos poemas en un par de sitios, acercarte a la ciudad a matacaballo por hablar con el viejo ridículo ese, a ver si te puede acelerar el asunto, descubrir en su manera de hablarte que ya tiene un medio compromiso con otro candidato y vuelta a dormir en una especie de Colegio Mayor para levantarte al alba a tomar un avión. Maldita sea. Me cago en sus muertos. Necesito ese trabajo.

—Vengo muy inquieto porque me ha parecido ver a mi psiquiatra conduciendo un taxi —decía un tipo evidentemente trastornado. Gómez, que escuchaba acodado de espaldas al que acababa de hablar puso cara de culo y se dispuso a levantar el vuelo.

—Bien, señores —dijo Gómez—. Mañana no es fiesta. Yo tengo que levantarme temprano. Mi mujer no aceptará fácilmente que llegue a casa mucho más tarde. Por último, no puedo con mi alma. Son todas mis razones para abandonarles.

—Está muy cansado, sí —insistió Baker pensando en Mansur—. Esta noche tenía terribles bolsos bajo los ojos.

—Pobre —comentó Rio—. Qué desgracia tan cómica.

—Es verdad, tiene un aspecto lamentable —dijo Parodio—. Mansur está como si le hubieran dado una paliza. A mí me ocurre a veces. Andas de un lado para otro sin fuerzas y llegas a la noche buscando un sitio donde tirarte. ¿A qué se deberá eso?

Gómez bostezó, sacudiendo la cabeza:

—Falta de vitaminas —dijo.

—No, en serio —dijo Rio—. Olviden a la pelirroja. A veces estás hablando con él y parece que no te escucha. La verdad que debe estar rondándole una depresión.

–En fin, yo no olvido a la pelirroja –dijo Paraíso soltándose el nudo de la corbata–. Fin de jornada, muchachos, hay que animarse. –Hizo un gesto pícaro–. ¡Curvas! ¡Curvas! ¡Curvas!

–¿Quién es la pelirroja? –preguntó Baker–. ¿Amanda? ¿La roja?

–Por cierto –dijo Paraíso–. ¿No advertís que falta alguien? Pero... –anunció aparatosamente– tengo invitaciones para todos, casi me olvido. Nuestro amigo Álvaro se casa.

–¿Álvaro? –dijo Baker cruzando los ojos.

–¡Por el amor de Dios, Baker! –gritó Gómez–. ¡Deja de asombrarte de todo lo que oyes!

–Cuando estaba en la Universidad –decía Parodio a una muchacha de cara afilada, un par de metros más allá de donde bullía el grupo– mi casa eran los bares; por eso arrastro esta vida de bares; por eso siempre tengo un bar; tener un bar es como tener un hogar.

–¿Eso lo dices de verdad? –preguntó la muchacha de cara afilada con cierta emoción en la voz.

Rio les observaba disimuladamente. «Mira cómo se la chamulla» –pensó. Parodio le producía ternura y rechazo, no lograba comprender de qué manera esas dos emociones se mezclaban en una sola sensación. Lo mismo le ocurría con los bares. «Qué curioso» –pensó de pronto, sorprendido.

Baker estaba haciendo arqueo mientras hablaban. El bar se encontraba sumido en la penumbra. En la barra se agrupaban ingentes cantidades de vasos sucios y ceniceros. La semioscuridad mostraba los rostros de los últimos contertulios con perfiles secos y rasgos pronunciados. El americano, inclinando su larga espalda sobre la caja, parecía un gigantesco pordiosero. Los dos extractores de humo todavía giraban, pero el humo y los olores hacían cuerpo con el interior del local. Baker se irguió señalando la puerta de la calle y cortó el gesto con aire de duda. Después se volvió a los otros, aún extrañado.

–¿Está fuera Mansur? –preguntó. Luego volvió al arqueo.

–Estaba recordando –dijo Gómez mientras estiraba ambos brazos– la primera vez que vi en cueros a Amanda. –Hubo un inconfundible movimiento de interés en sus interlocutores al tiempo que se escuchaba un caer y rodar de monedas junto a la caja–. Veo –añadió al observar la agitación– que vuestras sucias mentes se han despejado de súbito.

–No prometas lo que luego no puedas cumplir, te lo advierto –dijo Paraíso.

–Pues sí –continuó Gómez–. Aquello fue... en Inglaterra, si no me equivoco, en un festival pop de ésos. No recuerdo bien si se trataba de Eric Clapton, de Traffic... en fin, uno de esos grupos, tocando a todo meter y todo el mundo sentado en el suelo y metiéndose cualquier cantidad de cosas en el cuerpo. –Vaciló e hizo una pausa–. No. Ahora me acuerdo. Era Cat Stevens. –Se detuvo de nuevo y volvió a dudar; luego continuó–: Da igual. El caso es que a unas parejas que había por allí, por la pradera, se les ocurrió empezar a desnudarse y a hacerse lo que suelen hacer las parejas cuando se desnudan pero en público. En toda la zona por donde yo estaba empezaron a hacer lo mismo, una especie de contagio. No sé si era un acto de protesta contra el conformismo burgués o una celebración psicodélica pero el caso es que aquello empezó a moverse y era un verdadero oleaje de cuerpos traca traca; para qué os voy a contar.

–¿Y tú? –interrumpió Parodio.

–Yo nada –contestó Gómez volviendo a estirar los brazos largamente. Yo estaba solo, a mi aire, imaginaos qué número. Yo allí sentado mirando a Cat Stevens cantando al fondo de la pradera, pequeño como un soldadito de plomo, y todo el mundo a mi alrededor en pelota viva.

–¿Qué? –Parodio le contemplaba alelado–. ¿Quieres decir que tú... Que estabas...?

–No pretenderás que creamos eso –dijo Rio con inquietud.

–Yo no pretendo ni que creáis ni que dejéis de creer. A mí me sucedió y punto –dijo Gómez–. Total, sigo. Empecé a retirarme con discreción... si es posible en un caso así, porque bastante tenía con no pisarle el culo a alguien; y ¿a que no sabéis con quién me encuentro?

–¡Amanda! –soltó Baker tan cerca de su oreja que le hizo dar un pequeño respingo.

–Joder, Baker, sólo te ha faltado darme un beso –comentó Gómez echándose para atrás–. Bueno, lo que os decía, ¿a quién creéis que me encuentro allí? –preguntó con aire de triunfo.

–¿Encima o debajo? –preguntó Rio sarcástico.

–Debajo, claro. Encima estaba el trasero de Amanda trabajando de firme.

–¡Por el amor de Dios, dilo de una vez! –gritó Parodio. Paraíso se ahogaba–. ¿Mansur?

–Error fatal, porque entonces no se conocían. No señor; debajo estaba un cura de mi colegio. Para que veáis lo que es bueno –terminó triunfalmente Gómez–. Vamos, ya no sería cura, digo yo –añadió después.

Transcurrió un largo minuto de silencio y estupor.

–Pero explicáme –acertó a decir Rio lleno de incertidumbre–. Si era la primera vez y no la conocías y estaba de espaldas a ti ¿cómo ibas a saber que era ella? No entiendo. –Su aire de confusión era manifiesto.

–Me quedé con el cuerpo, muchachos, con la imagen del cuerpo, quiero decir. Cuando de verdad la reconocí, cuando supe que era ella, fue la *segunda vez* que la vi desnuda: Ah, esos dos millones de pecas. Porque esa segunda vez también la vi de frente. –Gómez agitó las cejas significativamente.

Los otros se miraron y el americano sacó apresuradamente unos vasos y empezó a servir una ronda a todos.

Ese tío de la nariz comida por la ginebra me recuerda a W.C. Fields, efectivamente, pero Fields era un gordo de cara abotargada y éste es un flaco raro con mucha nariz, un chupado. Parece mentira que un liquidillo incoloro te muerda la carne de esa manera. La culpa la tiene él, también, porque con esa porra estás llamando a la desgracia. Bueno, parece que me mira, se ha debido dar cuenta de que le estoy mirando, no sé, a lo mejor es que me fijo mucho. Todo será que se cabree y se ponga impertinente. Que le zurzan. Vuelvo la cara.

Mansur cruzó los antebrazos sobre la barra y se dedicó a estudiar las botellas que se alineaban en la pared. Tenía delante dos vasos, el del *Union Bar,* vacío, y otro más bajo y ancho, con hielo y whisky. Al principio había pedido que le sirvieran en su vaso. Luego, cuando estuvo servido, empezó a darle vueltas a la idea de que el camarero olvidaría la procedencia del vaso y tendría que pelearse con él, así que le llamó para pedirle que le trasvasara el whisky a un vaso de la casa y aprovechó para recordarle que el otro era suyo. El camarero le echó la mala mirada pero prefirió quitarse el problema de encima e hizo el trasvase. Mansur quiso que advirtiera a su compañero también, por si luego, en el trajín de la barra, le atendía el otro. Cuando advirtió que la mala mirada se encendía a intervalos regulares llamó él mismo al otro y se lo explicó a los dos y luego puso un billete de mil sobre la barra para que se cobrasen y beber tranquilo. Estaba repostando para seguir a la mendiga. Había empezado a llover de repente, una lluvia fina, y pensó que ella también dejaría de caminar y buscaría refugio; a él, llevar un vaso en la mano le obligaba a pensar en otra copa y también en refugiarse de la lluvia para tomársela; le parecía natural.

Una etiqueta de *Black and White* de las antiguas. La botella está llena. ¿Para qué demonios la guardan? Este bar no tiene prestigio, ni historia, es seguro que les da lo mismo servir una copa que otra, es seguro que su trabajo se fundamenta en los feroces brandies españoles y en las combinaciones castizas de diversos alcoholes; es seguro que esa botella la tienen abandonada. ¿Para qué la guardan, entonces? Nadie ama esa botella en este bar, pero está ahí, aguantando en la repisa, quién sabe si no se la encontrará así el tipo que un día lo tome en traspaso y volverá a dejarla ahí puesta después de volver a decorar todo el local, dejarla porque lo mismo se cambian las columnas y los mármoles pero ella se queda como un vestigio o un fetiche o porque nadie sabe qué hacer con ella, ni servirla ni beberla, ahí aguantando dueño tras dueño hasta que un listo diga: «¡Hombre! ¡Una *Black and White* de las antiguas! ¡Ésa cae esta noche!» Supongo que debe ser así, mira por dónde voy a encontrarme con la vieja etiqueta mientras me sirven una copa de las de etiqueta reciclada. Ahora sería cosa de proponerle a Baker que la comprase, no yo, que no les he gustado nada con la historia del vaso sino Baker, que es de la profesión, un colega, uno que viene y dice: «Te compro la botella, tío, es un capricho, yo te la pago.» No es así pero seguro que Baker encontraba la manera, Baker tiene una manera especial de entenderse con esta gente. Yo tengo otra pero él tiene la suya; él conseguiría sacársela y yo, en cambio, seguro que no conseguiría otra cosa que revalorizarla y quedarme sin ella, cada uno sabe hacer las cosas a su manera. Pero estaría bien darle un tiento. Baker la guardaría en sus estantes y nosotros nos la beberíamos. Eso hay que impedirlo, guardarla en los estantes. Lo mismo me la venden.

Mansur chascó los dedos y el camarero se acercó cautelosamente. Mansur señaló la botella y discutieron mientras él giraba la mano derecha cada vez que hablaba, una especie de gesto displicente y negociador a la vez, y el camarero se fue a consultar al otro y luego volvió a donde Mansur y le dijo algo y Mansur puso un billete encima de la mesa. El camarero tomó la botella, le pasó un trapo cuidadosamente y la envolvió en un papel ligero de color beige. Mansur la colocó junto a los dos vasos y luego recogió la vuelta del billete con un gesto amistoso. Se movía como un oso acodado en una barra mientras guardaba el dinero y sacaba tabaco.

Cualquiera diría que le he quitado la botella. Me juego la cabeza a que es un bebedor de gin y ahora me mira como si le hubiera arrebatado un tesoro. No sé cómo no le da vergüenza ir por ahí con esa porra carcomida por la ginebra. ¿Por dónde se escaparía la mendiga? La mendiga se desliza junto a las paredes, no se desliza por ellas sino junto a ellas, de una manera escurridiza, es muy ágil y va vestida de manera que puedes perderla en cualquier pared sin darte cuenta, se aprovecha también de su menudencia, es verdad, pero no es tan difícil dar con los mendigos de esta ciudad, no es difícil para un buen noctámbulo porque la noche tiene guías secretas, bien lo sabemos, guías y orden: todo lo que parece oscuridad y misterio es muy claro, tan claro como un rastro entre las montañas para un rastreador indio, uno de esos que leen en las piedras. Llueve. Si llueve, los dos estamos a cubierto, ella quién sabe dónde y yo aquí, pero ninguno de los dos avanzaremos un paso hasta que escampe. De modo que cuando yo me ponga en marcha ella lo hará también. Hay que saber a dónde se dirige pero sus movimientos son de áreas cortas en el mismo día, eso lo sé muy bien, son expertos en recodos, en refugios, pero no en distancias. Está dando vueltas como una perra antes de echarse y por eso la encontraré, aunque ahora se esconda de la lluvia, eso es cosa suya, yo me estoy tomando mi whisky y ella puede que esté acurrucada en el portal de al lado. Voy a verle la cara. Voy a verle la cara y la risa que tenía antes, a la puerta del *Union*. ¿Quién le mandaría venirse allí a reír a esa pobre loca? Hay que ver lo que hay dentro de esa pequeñez, de esa birria. Yo tengo que verlo.

El hombre de la nariz carcomida cruzó por delante de él mirándole fijamente, camino de los lavabos. Mansur le aguantó la mirada y le siguió con ella hasta el final del pasillo.

Dormirá en un túnel, en uno de esos pasos subterráneos donde se hacinan entre mantas y cajas de cartón despiezadas. Ahí huele a una mezcla de orín, vinazo y mugre que tira de espaldas. Uno pasa por la noche y no sabe si de entre los bultos surgirá una mano que te agarre el tobillo y, en menos que se tarda en pensarlo, te sumerja en el magma de cuerpos y respiraciones que se apelmazan ahí, en esa especie de pantano de cuerpos y cosas. Una noche estaban enculando a un chaval, casi un niño, mientras le emborrachaban con whisky y canela, whisky español, mira si serán guarros esos mendigos. A saber qué no le habrán hecho a la pequeñaja, aunque no tiene pinta, ahí debe haber sus leyes, es otro mundo, es curioso cómo en todos los mundos, aunque sean los más abyectos o amorales, hay códigos, leyes, costumbres; y todos aspiran a lo mismo, a crear lazos convivenciales. Son las razones de la tribu y aquí, en esta parte del mundo al menos, por Occidente, son siempre calcos cristianos, hay que joderse, están en todas partes, en el crimen y en la santidad, en la pureza y en la abyección. En todas partes. Eso es el Poder. En cambio tú, Mansur, no tienes poder ni para obligar a un viejo funcionario a que te concedan el tiempo de un curso para salir a flote y seguir comiendo; al menos, seguir comiendo fuera de España para no tener que volver a hacerte viejo donde fuiste joven. Un poeta viejo y sin recursos es como un mendigo. Un mendigo en su tierra es lo más tirado; se mendiga donde no te conocen; en tu tierra nunca serás un mendigo sino una mierda. Hay que saber captar esa diferencia. La pequeñaja habrá venido de Burgos, de Badajoz... o de un pueblo de por ahí, por eso está en el circuito madrileño. Aunque quién sabe, Madrid es tan grande ya..., es tan perfectamente inhóspito que ha criado sus propios *homeless,* y si antes se venía de las provincias ahora se llega desde los barrios, que están igual de lejos ahora que lo estaban los gallegos o los sorianos entonces. Muerde tu copa, cabrón, y mete esa nariz bien adentro, qué me estará viendo el tipo. No querrá que le rompa en la cabeza esta *Black and White,* no la he comprado para eso. Estos malditos borrachos no ven pero ponen los ojos en tu dirección y parece que te están viendo, parece que los hipnotizas, el tío cabrón ya podía haberle puesto los ojos a cualquier otro, luego no sabes lo que cuesta quitárselos de encima.

Mansur sacó mecánicamente la mano del bolsillo. Entonces miró el pedazo de papel que venía acariciando con los dedos desde hacía un rato, desde que lo sintió allí al meter la mano. Lo miró y le cambió la cara.

–¡Pero qué...! –empezó a decir, a media voz. El camarero, que se había agachado para echar una calada al cigarrillo que escondía en un estante bajo, asomó la cabeza tras la barra.

–¿Alguna cosa más? –dijo.

No es posible, pero qué... El Hotel *Sandor* está en la otra punta. ¿Y cómo llego al bar del *Sandor* con esta botella y el vaso? Mira que olvidar la cita de Amanda... ¿Y la mendiga? ¿Qué hago ahora con ella? Ya la tenía... En fin, esta noche no es para pensar en varias cosas a la vez. Vamos al *Sandor*. Siempre le puedo echar un polvo a la pelirroja. Estoy teniendo unas ganas que merecen la pena. Al fin y al cabo me lo debe. Siempre me lo ha debido.

–¿Tú te acuerdas de Henry Madriguera?

–Pero, ¿es que existe alguien que se llame así?

–¿Cómo alguien? ¿Tú has oído *Adiós?* Nadie que sepa lo que es el amor, la vida y la música puede desconocer a Henry Madriguera.

–Me voy –dijo Gómez–. Me voy aunque se hunda el mundo. Me voy aunque desaparezca la civilización occidental.

–Bueno, pues vete. Ya sabes lo que dicen ahora los jóvenes: «Si no te ofrecen un futuro, jódeles el presente.» Ya me contarás lo que vale la civilización occidental después de eso.

–¿La civilización occidental? ¿Qué tiene eso que ver con Henry Madriguera?

–Me voy, insisto –decía Gómez.

–Henry Madriguera pertenece a la civilización occidental.

–Hay una versión de *Adiós* con una línea de saxos haciendo el coro al tema principal que te puedes morir.

–Pero ¿por qué tenemos que ofrecerles un presente? ¿Alguien me ha ofrecido alguna vez un presente? –decía Paraíso–. Hay que joderse con esos ridículos liceanos; pero

¿qué se han creído? ¿que estamos aquí para arreglarles la vida?

–Sosiegue, don Paraíso –dijo Rio–. Nadie cree nada. No se vaya a cabrear por nada. Es inútil.

–¡Tú si que eres un inútil! –vociferó Paraíso exasperado.

–Parece un hacendado despotricando contra sus peones, don Rio –dijo Gómez– pero no más yo me voy a ensobrar, si no manda otra cosa.

–Muévase, Gómez –dijo Rio–. Pero mañana lo quiero aquí como una rosa. No me falte.

–No le faltaré, don Rio –dijo Gómez.

Estuvieron toda la mañana recorriendo la orilla del río con el perro, un pastor alemán mezclado, lanzándole una vez y otra tras piedras y palos que encontraban por el suelo, corriendo ellos también, toda la pandilla junta y sin rumbo, desperdigándose y reagrupándose entre gritos, y el perro en medio persiguiendo a todos hasta que alguien volvía a lanzarlo tras un palo; en su agitación parecían hormigas cuando les pisotean la entrada del hormiguero. Así estuvieron hasta que al cabo de mucho tiempo el desfogue se fue aplacando igual que un agua desbordada cuando encuentra un yerbazal que la extiende y la guarda; cada cual se echó al suelo a comentar y lanzarse puyas mientras el perro aún corría de uno a otro agitando la cola de vez en cuando; entonces Andrés vio a su hermano levantarse de un salto; tomó la pelota de frontón de uno de los chicos, una pelota que llevaba siempre consigo como un amuleto, y se la mostró al perro; al chico no le gustó la broma y se fue tras él de un brinco, el hermano lo esquivó pero, con el movimiento, la pelota escapó rápida hacia delante y el perro salió tras ella. La pelota botó varias veces al dar en una piedra y comenzó a detenerse justo bajo el pretil del puente; entonces el perro ya casi la alcanzaba cuando la pelota, quizá obligada por el terreno, hizo un extraño, rebasó el borde y cayó al agua; flotó un segundo y desapareció en la turbulencia. Su hermano y el chico, por delante de todos los demás que corrían en tropel tras la pelota y el perro, apenas si tuvieron tiempo de ver cómo se hundía. Entonces el chico soltó un grito de rabia y se enzarzó con su hermano; en la pelea, todos, él también, trataban de separarlos cuando en la confusión salió del bolsillo la navaja del hermano y el otro, al verla, rápido como el rayo, la tiró al agua gritando: −Mierda para ti−. El perro hizo ademán de saltar y reculó; el hermano, que había echado las manos adelante, tropezó con el animal, voló por encima y se precipitó al rápido de cabeza; él lo vio caer y desaparecer bajo el agua y la última imagen que retuvo fue la de las dos suelas de las alpargatas justo antes de sumergirse. Entonces llegó un silencio de muerte que le secó el pecho y se tiró al suelo tapándose el rostro con los brazos. Todavía sonó en sus oídos algún grito y ruido de movimiento; luego el silencio se hizo como su cuerpo, le faltó la respiración y supo que estaba muerto; estuvo muerto un tiempo que le pareció una eternidad; estuvo muerto sabiendo que lo estaba como su hermano; después unas manos se ocuparon de él; cuando abrió los ojos, su padre estaba a horcajadas de su hermano agitando sus brazos atrás y adelante y el perro correteaba con el rabo bajo, lloriqueando de un lado para otro. Luego, por la noche, estuvo mirando fijamente a su hermano dormir, sabiendo que había estado bajo el agua como lo estuvo él, hundido en el silencio profundo. Entonces fue cuando empezó a imaginar, para no volver a sentir la muerte en el cuerpo nunca más.

Sentía la amenaza del insomnio. El recuerdo debió filtrarse por entre esa amenaza; un acto defensivo, quizá. Imaginar, olvidarse del sueño, e imaginar, hasta que aquél le atrapara por sorpresa. Imaginar a Amanda. No había pensado en Amanda con frecuencia últimamente pero el encuentro con Mansur, la comprensión repentina de que fue a López Mansur a quien él se la quitó hacía ya... Y sólo ahora se enteraba.

Isa dormía a su lado. Él daba la vuelta a la almohada de cuando en cuando para sentir la tela fresca. Tenía calor, era extraño, y un dolor en el costado que empezó en la cocina pero no remitía; estaba convencido de que remitiría al tumbarse en la cama pero no era así. Por un momento sintió el impulso de telefonear a su hermano para contarle la historia, quizá él se acordase, pero desistió; era muy tarde y, si no lo era, no le apetecía encender la luz para comprobarlo. Estaba en la cama y no quería salir de ella, ni siquiera sacar medio cuerpo fuera; lo que quería era dormirse. El insomnio le estaba acechando, dando vueltas alrededor de la cama. Conocía esa táctica.

Se acordó de Amanda otra vez y tuvo una erección. «Lo que faltaba», pensó. Tenía que pensar aprisa en cualquier cosa. Echó la mano al cuerpo de Isa y el deseo se acrecentó. Estuvo contando para distraerse; luego escuchó cómo Isa le daba la espalda, cambió la almohada y aquello seguía duro y firme. Por fin se volvió hacia Isa, le alzó el camisón hasta la cintura y comenzó a acariciarla; entonces volvió a sentir otro tirón que le pareció irresistible; Isa no se despertaba pero respondió y él se le fue de costado, abriendo sus piernas con las suyas y agitándose frenéticamente hasta que el culmen llegó y empezó a vaciarse. Isa lo aceptó entre leves gemidos, sin acabar de despertarse o sin querer despertarse. Andrés permaneció jadeando junto a ella un rato hasta que Isa volvió a quedar inmóvil.

Empezó a pensar en Caminito. El dolor del costado no le ayudaba. Le habían atendido los muchachos en Buenos Aires y uno de ellos le acompañó a recorrer el barrio de la Boca, aquella especie de arrabal napolitano bajo la Cruz del Sur; había una línea del cielo muy cerca de sus cabezas cuando andaban por las calles hasta que llegaron a Caminito; al principio él pensaba en el folklore de más clase: Salgan, Troilo, Gardel; se acordaba de *Naranjo en flor,* de *Male-*

vaje, de *Fangal*, de Rivero y hasta de Virgilio Expósito; hasta que poco a poco la música y la gente, las calles y el cielo, el aire y los ruidos se fueron juntando y alcanzó a ver el barrio, el viejo barrio del Riachuelo, lleno y fragante como un durazno maduro. Después entró otra música, entraron los aromas, las voces tras las ventanas abiertas. Volvieron al coche y lo dejaron de cara a los muelles y allí al final estaba Caminito, el corazón, una doble hilera de casas de chapa de cinc pintadas de vivos colores, polvorienta, sin asfaltar, sin veredas, pobre y hermosa como los geranios que se crían en latas oxidadas, era una calle tan extraordinaria como la vida, y mientras andaban por ella pensó que quizá ése fuese el único lugar del mundo en el que la imaginación era como la realidad.

Cuándo volvería a Caminito. Venía, en cambio, de cerrar una operación de colocación de excedentes, seis meses después de que la inició; había cerrado con los alemanes y volvía contento, tanto que a pesar del madrugón y el alba de lluvia y plomo le alegró encontrarse con Mansur, sentía deseos de hablar con alguien y ahí se estropeó todo y ahora volvía a pensar en Caminito, cuándo volvería a Caminito, a Buenos Aires, a la Argentina; pero sabía que nunca volverían a llevarle allá, que fue una casualidad o un error, un acierto impremeditado en cualquier caso y que ni le correspondía ni le correspondería nunca entrar en ese área de negocios. Pero él iba a volver, sólo, con Isa... o con Amanda; pensó que si pudiera volvería con Amanda; pensó que el tiempo no regresa; pensó en Isa y se le humedecieron los ojos porque se sentía emocionado y desdichado a la vez, porque la nostalgia había vuelto, como el dolor del costado, y porque Isa respiraba junto a él, *campanilla azul, compadéceme*.

Cerró los ojos y trató de dejarse llevar. Estaba seguro de que podría dormir, unas cuantas horas antes de que la vida cotidiana lo despertase y lo encaminara al baño, a la cocina, a la calle, al trabajo, un trabajo donde mañana le esperaba la paz de un problema resuelto al término de uno de los días más agotadores que acertaba a recordar. Los alemanes toman cafés que son como agua coloreada por un lejano sabor a café, él se había acostumbrado pero sólo allí, y tomaba tantos cientos de cafés como ellos mientras hablaban y hablaban y él pensaba de cuando en cuando, como un respiro en la discusión, en el *espresso* que pediría en cuanto pudiera sentarse a almorzar en algún restaurante italiano.

Tenía los ojos permanentemente cerrados desde un buen rato antes. Se vio buscando el bolígrafo de plata por todos los cajones aunque sabía que lo había perdido; pero al no recordar cuándo ni dónde, lo buscaba en los cajones, apartando y agitando las cosas que estaban dentro. De pronto abrió los ojos. Había escuchado sus ronquidos. Pensó que eso era imposible, pues si roncaba era porque dormía. ¿Le habían despertado sus propios ronquidos? Sabía que estaba despierto porque sentía el calor de la almohada en la mejilla. Quizá sólo estaba despierto del cuello para arriba y el resto del cuerpo dormía profundamente. Entonces empezó a oír el tema central del *allegro maestoso* de la Novena de Beethoven. De inmediato comprendió que era él quien lo tarareaba en su mente y se detuvo. Hizo intención de volver el rostro apoyado en la almohada pero al deseo no le siguió ningún esfuerzo. En seguida el tema musical volvió a su cabeza y empezó a repetirlo mecánicamente.

Por fin se había dado la vuelta y colocado boca arriba trabajosamente. Las comisuras de los labios estaban empapadas de saliva. Dio la vuelta a la almohada después de pasar la mano por los labios. Se negaba a abrir los ojos. Sabía que el exterior era oscuro, que aún estaba lejos del amanecer aunque desconocía a qué distancia medida en tiempo. Continuaba tarareando el tema del *allegro*.

Sentía a Isa dormir a su lado. Intentó recordar si ella había entrado en la cama antes que él pero eso no estaba en su memoria. Recordó la cocina de modo vago, como sin fuerzas, la sensación de su propio cuerpo inclinado sobre la mesa, posiblemente estaba solo, luego ella debía haber llegado antes a la cama. Él no sabía en cuánto tiempo la siguió, sólo el cuerpo inclinado, la cocina vagamente.

Percibió la almohada fresca en la nuca. Yacía como una estatua funeraria, con los brazos cruzados sobre el pecho en forma de aspa. Había dejado de escuchar el *allegro*. En su lugar apareció la imagen del cuerpo de Amanda tendido boca arriba, durmiendo también con los brazos en aspa y cubierto de pecas cobrizas. Le parecía extraordinariamente plácido verla de aquella forma. El cuerpo de Isa respiraba a su lado. Sentía que estaba tendida de costado, la espalda vuelta hacia él, tuvo intención de alcanzarla con la mano pero su cuerpo se mantuvo quieto como el de un cadáver esculpido sobre su tumba y entendió que todo el deseo, las imágenes y la música, seguían en su mente. Deseaba que siguieran allí. Lo deseaba al tiempo que la tranquilidad alcanzaba su cuerpo y lo alejaba muy despacio, placenteramente.

Rio miraba a la aralia desfallecida mientras pensaba que mañana ya no estaría allí. El bar estaba vacío. Rio sintió un estremecimiento y se frotó las manos mientras golpeaba en el suelo con los zapatos. Aquel espacio le deprimía, quizá porque se quedaba solo y porque la imagen de la aralia se le había fijado en las sensaciones de fin de noche como un mal agüero. No le gustaba el fin de la noche ni la vuelta a casa; en realidad sólo le producía cansancio, pero sí le gustaba. La noche era un espacio lleno, lleno de las cosas que forman la soledad de uno –decía– y eso es lo mejor, al final.

Rio dijo:

–Para mí que todos van a soñar con Amanda esta noche.

Baker terminaba de fregar los vasos. Ya no había otra luz que la de la barra y la puerta metálica estaba a medio bajar. Ahora se percibía un olor a rancio como si lo extendiera la penumbra. Baker buscó un paño para secarse las manos.

–Qué buena esa pelirroja –dijo Baker–. Yo también voy a soñar.

–Sí, qué remedio –comentó Rio–. Ese Gómez es un

fantasmón. Mira que la historia de la copulación en masa...

—Ah, pero es cierto —dijo Baker con un gesto muy serio—. Eso era corriente entonces. Todo el mundo era del amor libre.

—Demasiados detalles —dijo Rio—. Cuando se dan tantos detalles es que las cosas han sucedido de otro modo y el resto lo ha puesto la cabeza. La cabeza de Gómez, Baker.

—Pero por qué él va a mentir —dijo Baker con extrañeza.

—Mira, yo no dudo que la pelirroja fuera una promiscua y que anduviera por ahí en bola pero uno ya tiene cierta edad y, no sé cómo decirte, un olfato para lo verdadero de las cosas. En fin, de todos modos, qué más da. Si no fue cierto se hace cierto. Lo que hace falta es que alguien lo crea, como tú, Baker. Y entonces... qué importa si en realidad sucedió o no. Ahora es así la vida.

—Oh, pero yo he conocido esas cosas, en la Universidad, en el movimiento hippy y todo eso —contestó Baker con energía—. Hay también películas. Y libros y todo eso.

Rio encendió otro cigarro. Seguía mirando a la penumbra, dando la espalda a Baker, que recogía las cosas al otro lado de la barra. Aún tenía un resto de vino en su copa.

—Mansur se ha largado con su vaso, no lo olvides —dijo a Baker—. Y ésta —alzó la suya— es la última copa sucia que queda en el local. ¿Qué va a hacer mañana la señora de la limpieza aparte de fregar el suelo?, me pregunto.

—Pero ¿consideras a Gómez que es mentiroso?

—¡No! ¡Qué! Lo que pasa es que le gusta adornar las cosas, como a todo el mundo, sorprender a la gente... Qué sé yo. Los tiempos no están para ser muy exigentes... Nos estamos poniendo viejitos, Baker, eso es lo que nos pasa; y como los viejitos tienen que andar contándose la vida para pasarla, porque es así, unas veces cuentas las cosas de una manera y otras de otra, por la variedad ¿me entendés? —Hizo una pausa—. Nos vamos —continuó con un gesto invitando a Baker a abandonar la barra y enfilando la puerta—. Nos vamos, es la hora y yo ya no hablo más de mujeres por hoy. ¿Está bien?

Baker le saludó con el pulgar en alto, apagó la luz y pasó también bajo la puerta a medio echar. Mientras la empujaba hacia abajo, con el candado en la otra mano, Rio, en pie junto a él, miró al cielo y alzó las solapas de la cazadora.

–Garúa fino –dijo.

INTERMEDIO

El sitio es excelente, extraordinario; yo tengo la costumbre de venir una vez al mes cuando menos y en ocasiones hasta una vez por semana; claro que el plato fuerte, la verdadera joya de la casa, sólo puede tomarse una vez al mes y yo me inclino a creer que, como norma general, es mejor hacerlo una vez cada dos meses. Habla con satisfacción, está contento. Ya lo pueden ustedes imaginar, aunque en mi caso me ayuda la excelente encarnadura que poseo y, bien, digamos que alguna vez me permito el exceso de degustarlo una vez por mes, como hoy, añade dirigiéndose especialmente al matrimonio, que asiente con interés; son sus invitados y en sus rostros hay expectación y sonríen en exceso pero lo cierto es que se encuentran en el lugar adecuado con la persona adecuada y lo evidencian. Bueno, estoy algo inquieto, porque siempre produce inquietud, ustedes me comprenden. El comedor está lleno a rebosar; ellos, los tres, lo sienten mientras aguardan a que el *maître* y sus ayudantes comparezcan con el carrito que contiene el instrumental necesario para el gran plato. ¡Qué calor! Pero no veo a nadie que... usted ya me entiende. Querida señora, no todo el mundo... Aunque el matrimonio y él hablan con soltura sabe que están atentos y expectantes, van a comprobar la novedad de la temporada. Bien, ya lo tenemos aquí. El *maître*, a su lado, repasa con la punta de los dedos los dos finísimos estiletes mientras aguarda a que uno de sus ayudantes encienda el mechero de alcohol para la sartén. Es extraordinariamente exótico ¿no?, dicen ellos quitándose la palabra de la boca. Cuando te lo explican resulta difícil de creer pero es tan sencillo e instantáneo... cuatro simples y delicados cortes. Aunque es inevitable la curiosidad, cada mesa está a lo suyo, sólo quienes vienen por primera vez se estremecen un poquito. El matrimonio sonríe. Los movimientos de los camareros —son tantos que casi ocultan las mesas unas a otras— crean un clima de desenvoltura y frivolidad al que contribuyen las risas que se levantan en el ambiente, el centelleo de las joyas y, en general, el clima adecuado a un dinero bien invertido, tanto en el conjunto como en el detalle del local. Caballero... murmura discreto el *maître*. En la sartén empieza a crepitar el aceite con las especias que el ayudante espolvorea cuidadosamente. Otro ayudante sostiene un plato con un picadillo en una mano y una jarrita que contiene una salsa espesa y oscura. La preparan con mucha anticipación, una semana, advierte al matrimonio, es como un mole. Hace un leve gesto de aquiescencia al *maître* y sonríe al matrimonio de edad madura; ellos devuelven la sonrisa con expectación; el anfitrión inclina ligeramente la cabeza. El primer ayudante del *maître* afeita con cuidado y rapidez un cuadrado de diez por diez centimetros de la sien hacia arriba. La afeitadora recoge todo el pelo en su interior. El *maître* saja hábilmente con uno de los estiletes mientras va despegando una fina capa de piel y carne con el otro; el corte, limpio y rápido, deja al descubierto el hueso que, de inmediato, el segundo ayudante cubre con un paño. El *maître* deposita el fino filete junto a la sartén, coloca el relleno previamente preparado, lo ata con hilo fino y comienza a freírlo a fuego lento. El matrimonio está realmente sorprendido y encantado y manifiestan su admiración por la tranquilidad y desenvoltura del anfitrión, que conversa con ellos. La mujer quiere saber si la cicatrización es lenta y el marido le pregunta por la aparente falta de dolor. Lo primero depende de cada persona, naturalmente, y en cuanto a lo segundo, todo es cuestión de la rapidez y pericia del *maître,* en cuyo caso la cabeza comienza a regenerarse en seguida sin apenas molestias. En realidad es un plato que solamente cabe confiarlo a verdaderos expertos. El *maître* ofrece a la pareja de edad madura una pequeña porción y sirve el resto al anfitrión. Exquisito, comenta éste después de probarlo, exquisito. La pareja prueba y paladea con infinita satisfacción. Esta noche, sin embargo, nota un ligero escozor en la parte de la cabeza de la que han cortado la pieza de carne. Una doble gota de sudor desciende por la frente para juntarse en el entrecejo. Todos hablan pero el ambiente se ha agobiado de pronto. El centelleo de la luz es más lento. El anfitrión corta otro pedazo de carne y se lo lleva a la boca. Mastica repetidas veces. Está vacío. Tiene los dientes vacíos. No estoy mordiendo. Tengo un hueco en la boca. No puedo morder. No puedo mover los dientes. No puedo moverme yo. Estoy pensando. Estoy muerto. He perdido el cuerpo. Dónde está la luz. Esto es la oscuridad. Por Dios bendito, qué está pasando. No puedo mover los ojos. No sé dónde los tengo.

SEGUNDA PARTE

A

LOS QUE HICIERON

EL BIEN,

DE

LOS QUE HICIMOS

EL MAL.

decía la inscripción.

Ah. Observa qué finos. Siempre supuse que el Diablo era un caballero. Siempre supuse que esos valores perdidos de lo que hoy tanto nos lamentamos, como el reconocimiento al contrario y el resto de las reglas de honor, fermentaban en alguna parte y que ésta había de ser un lugar como el Infierno. Esta noche me entero de la verdad pero no me parece ya suficiente porque a mi edad ya no tiene importancia. La verdad, que no sirve para nada salvo para traernos hasta aquí, los años grises, la debilidad, la crisis de contingencia, esa tonta de la verdad, prefiero una rubia sin seso, una buena rubia ondulante. Ahora quiero el Infierno, el mismísimo Infierno; no he hecho este camino para quedarme con la verdad. La verdad es ese cabrón, el Rey de los Lectorados, que piensa en las bragas de sus alumnas mientras les está dando clase; ese sinvergüenza que te pide los últimos poemas, esos poemas que yo no he escrito pero que me hacen falta para estar en activo y recibir el lectorado, ah cochino viejo verde, quizá te apetezca un poemita de amor para encandilar a las chicas, es todo lo que puedo darte.

Así que vámonos para el Infierno porque he roto tantos versos desde hace tanto tiempo... Y lo he hecho porque yo soy un caballero y sólo atiendo a mi dama, la señora Poesía, que se largó con otra gente de mi edad y de mis condiciones, esa cursi a la que le entregué mi corazón lo mismo que el hígado se lo entregué al whisky, que también es una bebida de mi edad. Un caballero es generoso con su dama y es despilfarrador, una verdadera cigarra, con su cuerpo. Una rubia, una copa, una rubia, una copa... Al final la Luna, que es todas las mujeres, te llena y te vacía como hace con las playas y el alcohol te alza y te baja y se come tu cuerpo, ésa es la verdad, la que yo no quiero, la que me llevará al Infierno donde están los caballeros que costearon esta inscripción nobilísima.

Esta botella de *Black and White* es para Amanda. No me conviene olvidarlo. Es para nosotros dos, en realidad, pero se la llevo a ella; de hecho no puede llegar sin mí, así que me corresponde la mitad. La cuestión es que hace mucho que debería estar en el *Sandor* y ahora será un problema dar con ella. He perdido a Amanda y a la mendiga. También le echaría un polvo a la mendiga; estoy seguro de que seguiría riéndose de la misma manera y sin decir palabra; estoy seguro de que no lleva bragas debajo de tanta falda, ese ratoncito. Pero llueve, no hay taxis, ella estará refugiada en algún paso subterráneo, Amanda es capaz de no esperarme. ¿Dejaría un recado en la conserjería? No voy a tener más remedio que llamar. Malditos taxis. Y luego la botella, toda la noche cargando con ella hasta que encuentre a Amanda.

Hola ¿qué ven mis ojos? Vietnam. Déjame creerlo. Están

pasando un documental sobre Vietnam. Son veteranos. Veteranos que vuelven allá después de... ¿cuánto tiempo? Bueno, todo el tiempo, parecen iguales a los miles de turistas americanos que uno ve por el mundo, con sus gorrillas y sus camisolas y los pantalones terribles. Pero bueno ¡esto es la monda! ¡Han organizado un viaje para volver a aquel lugar después de tantos años! Lo queman todo, lo arrasan todo, les dan por el culo y ahora vuelven a ver cómo ha quedado con sus cámaras fotográficas y todo. ¿Será posible? ¡Vaya buche que tienen! Mira, y los vietnamitas todo sonrisas, no me extraña. *Yo estaba en una esquina; se me acercó un vietnamita y me dijo: —¿Es americano?; yo dije: —Sí; —¿Soldado?; yo dije: —Sí; él dijo: —¡Hola, yo era vietcong, soy el enemigo!; sonrió y me dio la mano. Yo le miré la otra mano, fue algo instintivo.* Yo también se la hubiera mirado porque aquello sí que debió ser el infierno de verdad, no el del Diablo sino el de los hombres, no el del fuego sino el de la sangre, el del miedo sanguinario, el de la mente abrasada por el miedo. Habría que ver a qué juega ahora la memoria en las cabezas de éstos, casi veinte años después mirando un lugar que quizá no conserve un sólo resto del odio. Por Dios, qué fuerte es la vida, después de tanto, y el tiempo... *Vine a ver si los odiaba. Hoy he comprendido que son los gobiernos los que discuten, no las personas.* Hombre, está bien eso, mira lo que acaba de descubrir el tipo; y para eso se pega un viaje al otro lado del mundo. Así que John Fitzgerald Kennedy y Ho Chi Minh se tiraron los trastos a la cabeza y los muchachos de uno y los muchachos del otro se hicieron pedazos como alimañas. Me cago en todos los que dicen que si no fuera por la política de bloques todos los hombres seríamos hermanos. ¿Será posible tanto cinismo? Por lo visto la política de bloques debe ser un invento del Espíritu Santo o alguien así. ¿A usted le parece? No. No le parece... Oiga, amigo, retiro lo del Espíritu Santo, pero era una metáfora. Además, si es usted tan católico no sé que hace emborrachándose en este bar. No te jode...

En cualquier momento dos de estos hombres pueden decir: Yo soy un héroe, maté vietcongs; o bien: Yo soy un héroe, maté americanos. Ahora, ambos se dan la mano. En eso son más racionales que un crítico literario; un crítico literario te enfila una vez y ya no retira el ojo en lo que te queda de vida, o en la que le queda a él, que suele ser siempre más longeva que la tuya. Lo mismo que cuando un profesor de literatura te adjudica una característica, si es que llega a considerarte caracterizable: Te vas con ella a la tumba, porque también ellos suelen ser más longevos. Eso es producto del reconcomio, que alimenta la longevidad. Una vez que te estableces en ese sueio territorio intelectual ya te pueden mandar a la guerra de Vietnam, que sobrevives para poder seguir extendiendo la confusión y ejerciendo el mal sobre esta bendita tierra de crédulos indefensos. *–¿Perdiste algo aquí, en Vietnam? –Sí, supongo que perdí... no sé, mi juventud, mi inocencia.* No te quepa la menor duda, recluta. Ése fue tu día malo. Yo también perdí la juventud y la inocencia; la juventud un poco más tarde que tú, la inocencia antes. Pero, en fin, mis condiciones fueron mejores, la guerra de aquí les tocó a mis padres que a su vez lo debieron pasar peor que tú porque la de ellos fue una lucha fratricida y, de todos los horrores, el de familia es el más cruel porque es donde mejor se cría el fondo oscuro y húmedo de los sentimientos, un limo frío y pegajoso que te hiela la sangre cuando lo rozas apenas con la punta de los dedos.

Deja de cavilar y recoge tu botella, después llama por teléfono al *Sandor*. ¿Qué demonios hace Amanda en el *Sandor*? ¿Qué tiene que ver con ella? Lo mismo se ha forrado en algún secuestro internacional de envergadura, esta gente es muy loca y además, cuando pasas ciertas lindes desaparecen las referencias, todo funciona, la acción es autosuficiente, en fin, para qué hablar de las viejas tácticas y de los nuevos desastres. Nada peor que seguir siendo una petrolera cuando se te pasa la edad; sobre todo cuando se te pasa la edad sin que te hayan cazado nunca porque al fin y al cabo la pobre

Meinhoff no tuvo su oportunidad. De manera que ahora estamos en el *Sandor*, hay que fastidiarse. Yo mendigando un lectorado y ella tirando de billetes verdes en un hotel de cuatro estrellas. ¿O eran todo fantasías? ¿O era una confidente? Ahora cunde la desconfianza. Todos los activistas son un poco fantasiosos. Bueno, en realidad, todos somos un poco fantasiosos, y los activistas también; lo digo así, a las claras, sin que me tiemble la voz. Habré hecho el mal, como los clientes de este bar que tuvieron la singular idea de colocar esa inscripción pero, como lo presumo también en ellos, yo soy un caballero.

Miró al hombre que bebía a su lado.

Y este ridículo defensor del Espíritu Santo ¿de dónde habrá salido? Vivo en un país de alcohólicos donde todo el mundo blasfema como respira y voy a toparme con este orejas puras que me pilla hablando en voz alta. Porque tienes el defecto de hablar en voz alta cuando te excitas y te excitas demasiado a menudo, te excitas solo y ésa es muy mala señal, uno se acostumbra y acaba largando todo por ahí, dando salida a todos los humores, lo mismo el camarero te ha pillado hablando solo a los veteranos del Vietnam, hay que ver lo bajo que has caído desde aquellos tiempos heroicos de la resistencia antifascista y la creación poética: hablando solo con la pantalla de un televisor en la barra de un bar lleno de católicos practicantes; tú hecho un imbécil y los veteranos del napalm diciendo que hay que ver lo que cambia la vida cuando uno deja la guerra y pone un negocio en su pueblo, tócame los cojones.

¿Te acuerdas de Julian Beck? ¿Qué habrá sido de Julian Beck? Julian Beck y Judith Malina. Festival de Teatro de Avignon, 19... He perdido hasta la memoria, yo, que nunca bebo para olvidar, pierdo la memoria y acabo siempre dando con borrachos que tienen la memoria como una caldera a todo vapor, bien alimentada de alcohol, ardiendo a todo meter, que me cuentan compungidos todo lo que querían olvidar. ¡Pierdo la memoria! Es desesperante. También perderé el teléfono de Amanda, no, el teléfono del *Sandor*, y me olvidaré de llamar a Amanda y seguro que se hartará y llamará a aquel fantasma de Palacio, el que me endilgó el coñazo alemán en el aeropuerto y yo perderé otra vez la oportunidad de trincármela. Todo por perder la memoria y porque no me acuerdo del año, maldita sea ¿qué año sería el que vimos al Living Theatre en Avignon? ¿Qué tenía que ver con lo del Vietnam? Estoy seguro que iban por ahí los tiros, que ése era el hilo. Está bien, Amanda lo sabe, ella venía, ahora no tengo la excusa para no llamarla, eso es matar dos pájaros de un tiro, sólo me hace falta la guía de teléfonos. La guía de teléfonos. Veamos. En la cabina. Abajo. O. K. Me llevo la botella porque no me fío de estos católicos, son todos unos hipócritas. Una *Black and White* de las antiguas, además.

¿Andrés Palacio? No me puedo creer siquiera que le haya telefoneado. Menudo camaleón. Mejor será volver al Infierno. ¿No debería estar lleno de mujeres pelirrojas?

El silencio. El tiempo. El cuerpo. Espera. Piensa. El silencio está. Tú duermes. Tú sueñas. No, porque piensas. ¿Piensas? ¿Sueñas? El tiempo. La luz. No hay luz. Si hay luz no la veo. El tiempo no está. El cuerpo no está. El silencio está. Espera. Piensa.

Empieza otra vez. Está el silencio. ¿Por qué? La ausencia del ruido ¿qué significa? Es un sueño. Sí. Puede serlo. Ábrete camino, anda, ábrete camino, rompe ese sueño. No puedo. Es un silencio atroz. Es un silencio hueco. Oh, Dios mío, es la muerte.

Empieza otra vez; no puede ser la muerte. El tiempo. Pero el tiempo no está. (No está.) ¿Qué es esto? Espera: ¿Qué significa esto? No está: ¿Se ha ido? ¿Es el vacío? ¿No es? Pero yo, mi cabeza, ¿dónde estoy? ¿Estoy? Entonces no sueño. No sueño. Lo que sucede es que el tiempo no pasa. No pasa.

Luz. No. (No hay.) Cuerpo. ¡Oh! ¡Oh Dios mío! No tengo el cuerpo. Estoy... estoy suspendido en... en el aire, no hay aire, en el vacío, en... no sé, ¡no puedo decirlo! ¿Dónde está mi cabeza? ¿Dónde estoy pensando? Espera. (Espera, sí.) ¿Hospital? Estoy en un hospital, estoy despertando. Estoy despertando de una anestesia. Sí. Sí. Es posible. Espera. ¿En una U.V.I.? Pero estoy... Mi cabeza está tan entera. O no. ¡No es mi cabeza! ¡Es mi mente! ¡Sólo la mente! Oh, Dios mío, cómo se llamaba aquella película... La del cerebro sin cuerpo... No, por favor, por el amor de Dios, ¡no puede ser! ¡No me puede haber sucedido a mí!

Ruidos. No oigo. No oigo nada. No percibo nada. Nada de nada. El tiempo. El cuerpo. El ruido. El olor. El sabor... Mi lengua... No tengo lengua. Humedad, saliva, los dientes, tragar... Intenta moverte. ¡Intenta moverte!

Creo que estoy durmiendo. Creo que estoy pensando dentro del sueño. No puedo hacer movimientos. No hago gestos. Eso es imposible. Estoy durmiendo. Hay un agujero por el que estoy pensando. Eso puede ser. Ha habido un agujero en el sueño. Tengo el cuerpo dormido. Tenía que suceder. Siempre imaginas historias. Te has perdido en el sueño. Por un agujero. Oh, Dios, lo que va a ser regresar... Recuerda. Recuerda el día de las pestañas. De pequeño. ¿Recuerdas? Es lo mismo que el día de las pestañas. Me había levantado de la siesta. No podía abrir los ojos. Sólo sabía que no podía. Se me habían pegado las pestañas. Me acuerdo muy bien del susto. Me acuerdo que mi madre vino corriendo por los gritos. Me acuerdo en el salón. Allí escuchaba su voz y la de mi tía mientras mi madre me aplicaba a los ojos un líquido caliente con un algodón. Sí, me acuerdo de que yo pensaba si nunca volvería a abrir los ojos pero no me importaba mucho porque oía las voces de mi madre y de mi tía y sabía que algo tendría que suceder y de repente se me despegaron poco a poco y abrí los ojos y aunque estaba turbio veía a mi tía enfrente de mí, sentada en el sillón, tan tranquila, y mi madre a mi lado, en el sofá, recogía la jofaina y el algodón, y la criada esperaba de pie y ya abrí los ojos y lo vi todo y me fui a jugar a mi cuarto.

A veces hay un agujero en el sueño. Ya me ha ocurrido. Es angustioso, así que no debo inquietarme. Que no se venga encima la angustia. Es como un accidente donde te quedas atrapado en el coche. Sabes que estás vivo y que no te pasa nada. Sólo tienes que esperar sin perder los nervios a que te saquen de ahí. Si piensas que estás atrapado te mueves y te destrozas pero si piensas que vienen a sacarte puedes aguantar.

A veces el agujero se cierra y luego ya es por la mañana. Te despiertas incluso sin acordarte o con una vaga idea, como de algo que sucedió en alguna parte sin nombre, un lugar en mitad del aire. No hay que forzar nada. Estás durmiendo. Sólo estás durmiendo y ha habido un agujero. No tienes que gritar ni hacer nada brusco. Hay que dejar que el sueño cierre el agujero, eso es todo. Lo mismo parece que se tarda siglos en conseguirlo pero de pronto, así, sin más, sucede y ya no te enteras.

Ahora no sucede aún. Es horrible esperar porque hay que seguir dándole vueltas a la cabeza. Dar vueltas a la cabeza porque no consigues quedar en blanco. Recuerda a esas escenas de tortura psicológica en la que tienen al cautivo en la celda y le impiden dormir por todos los medios, pobre gente. Ahora debe estar pasando. Ahora hay alguien, uno, o más, cientos, a quien le están haciendo eso para que cante o para volverle loco sin más, para destruirlo. Hijos de puta.

Es mejor pensar en algo concreto. ¿En qué, en qué? Algo sencillo. Puedo intentar lo de las ovejas. Contar ovejas que pasan. Una vez me concentré en un pie y se me durmió. No lo sentía. Es fantástico la fuerza de la mente.

Quizá fuera mejor despertarse. Quizá puedo hacer un esfuerzo tan grande como para salvar el sueño y despertarme completamente, con todo el cuerpo. No sé si se puede hacer. ¿Cuántas capas de conciencia dormida hay que atravesar para conseguirlo? Me da miedo. Esto parece una pesadilla. No es un agujero. No sé qué pasa.

Espera. Espera. No pierdas los nervios. Trata de distraerte. Cualquier cosa vale; un latiguillo, una frase, una canción. Tú sabes que puedes con el cansancio, es cuestión de esperar. De pronto esto desaparecerá y será mañana por la mañana. *Je m'appelle Zangra*, sí, recuérdalo. *Je m'appelle*

Zangra, et je suis lieutenant. Au Fort de... ¡pásalo!, *qui domine la plaine...*

D'ou l'ennemi viendra, qui me fera héros. En attendant ce jour, je m'ennuie quelquefois. Alors... ¿Qué hora puede ser? ¿Cuándo está sucediendo esto? Pero si lo supiera despertaría y habría acabado todo. No es un desvelo sino un sueño. Daría cualquier cosa por estar desvelado... pero, ¿por qué pienso esto? ¿Qué significa que pueda pensar esto...? No estaré... ¿No estaré despierto?

Por Dios. No lo pienses.

Je m'appelle Zangra, et déjà capitaine, au Fort de Bélonzio qui domine la plaine, d'ou l'ennemi viendra qui me fera héros. En attendant ce jour, je m'ennuie quelquefois, alors je vais au bourg voir la jeune Consuelo, mais elle parle d'amour et moi de mes chevaux.

Puedo recordar la canción. Esta cabeza está funcionando. Puedo inventar algo, una historia, como otras veces. Tienes que pensar una historia para volver al sueño. Pero yo estoy soñando. Sí, estoy soñando. Yo no respiro. Sólo pienso. No siento mi respiración. Sólo puedo imaginar. En el agujero del sueño.

Sí, porque lo recuerdo bien. Yo creo que está condenado a ser el último de los recuerdos, el origen de la santidad. Percibí algo semejante de chico, pero entonces sólo fue una impresión leve, un soplo de miedo, la imagen de una puerta de sombras. Pero el día del que hablo, el día antes de venir para acá, para España, me la pasé soñando con los ojos abiertos. No era en realidad un sueño sino una noche de vela pero en cierto modo podría decir que fue un sueño y un aviso del tiempo. No recuerdo todo lo que vi pasar por mi cabeza esa vigilia pero sí que me acuerdo de una secuencia. Sucedía en un lugar que era como una cantera descendente, apenas visible porque estaba todo en tinieblas. Yo escuchaba voces; no sabía bien qué decían pero sentía mucha congoja al escucharlas. En esto las tinieblas clarearon y entró una luz difusa, sucia, una neblina enfermiza que impregnaba el espacio de la cantera, las paredes cortadas, la piedra apilada en pedazos grandes, a un lado, y luego un camino que descendía entre restos de piedra pequeña, rota y desperdigada. Entonces, junto al canto de las voces, distingui a una muchedumbre que parecía afligida y, al verlos, yo me sentí lleno de pesadumbre y sin voluntad. La muchedumbre avanzaba lentamente bajo la luz dolorosa; avanzaba por el camino hacia una puerta de sombras; y de pronto me vi entre ellos, caminando con ellos, yo también lleno de aflicción y me dije: «Está bien. Es así. Entonces, adiós.» Y atravesaba la puerta con ellos. No sé a qué mundo extraño daba, porque aún no he hallado nada que me ponga tan triste, pero lo sabré y será lo último que vean mis ojos antes de cruzar las sombras. Yo he ido entendiendo que la puerta de sombras la cruzaré cuando no me quede otro recuerdo que el último y éste va a ser el último, pero no lo temo. Sólo le tengo miedo a la luz de la cantera. Yo quisiera caminar nada más bajo las tinieblas, guiándome por el canto y los cuerpos y cruzar con los demás esa puerta de sombras. Pero no quiero ver nada a la luz de la cantera. Nada, ni mi propia alma ni mi propio cuerpo.

Sí, sí, lo sé. Debería dejar de contarme fantasías chinas a mis años. Debería volver a casa, atizarme esta hermosa botella y dormir durante un par de días. Me tienta. Hoy estoy en un camino peligroso. ¿Me atrevo a decir que insensato? Lo es. Lo es. Quizá haya dejado de llover. Quizá el fresco me ayude a tomar una decisión. En realidad creo que estoy a medio camino entre caer de bruces o caer de espaldas; de espaldas en la cama y de bruces... en la oscuridad; en una oscuridad blanda pero deslizante. Gracias, quédese con la vuelta. Sí, por cierto, una oscuridad que te debilita como a un deprimido. No debería seguir.

Pero ¿está en mí seguir? No. Ya no está en mí. Sé que no está en mí así que resultaría muy, muy violento tomar una decisión. Esa cochina mendiga debe estar en alguna parte cerca de aquí. Habrá tenido que refugiarse de la lluvia como yo, habrá salido ahora como yo. Parecía muy joven; y un poco loca; y sucia, seguramente. Tira para los pasos subterráneos, amigo, busca en la mugre.

Si supiera Palacio que le robé aquel bolígrafo... Él, en cambio, se quedó luego con Amanda. Tampoco es cierto: Amanda se quedó con él. Ahora estaría hecho fosfatina si no llega a darle el canguelo, porque ése no es de amores locos.

¿O sería que ella lo dejó? Bah, en todo caso él se habría acojonado; no tiene madera de loco, ni de valiente. Y ahora olvídate de ella, del *Sandor* y de tu cabeza podrida. Bastante tienes con tentar a la noche. Además, a veces los recuerdos, cuando van por aquí, me emocionan y me cargan los ojos de agua y empiezo a darme pena... Por cierto que sí.

Total, que le robé el bolígrafo y me lo agradeció como un palomo y ahora resulta que lo ha perdido, el muy imbécil. El mejor bolígrafo que he visto nunca. En aquellos tiempos tener un bolígrafo como ése, o una pluma o un reloj de marca, era como tocar el cielo con los dedos; pero éste era el más hermoso que he visto en mi vida; era un bolígrafo digno de mis versos. Se lo mangué al final del examen y me lo llevé a casa como un tesoro. ¡Claro que era un tesoro! Amigo, deténte en los semáforos cerrados o no verás la luz del día. Un tesoro. ¿Y qué es lo que hace el gilipollas de Mansur con su tesoro?: Devolvérselo al propietario, que hoy es un ejecutivo feliz que va, lo pierde y, además, lo olvida. De-vol-vér-se-lo. Ésa es la diferencia que hay entre un pirata y un escritor de poemas. Había comenzado mi carrera de pirata y la tronché allí mismo, una semana más tarde. Además haciendo teatro, haciéndome el noble, desconcertado por el despiste... Un pirata que trata de recomponer la figura sobreactuando como un caballero. Ésa es mi vida. Por eso no soy un pirata y mis poemas son como lamentaciones de un funcionario. En esta vida pagan los idiotas. No, sé preciso: Pagan los débiles.

Ella es la más bella: La botella. Si tuviera una gabardina de largos faldones la llevaría asomando por uno de los bolsillos, como en las caricaturas de los borrachos de farola. Sería gracioso. Me paso la vida imaginando situaciones graciosas que nunca salen de mi cabeza. Ese hijo de puta va a darme el lectorado o volveré sólo para romperle los dientes. Se supone que los artistas hacemos ese tipo de barbaridades así que nadie va a reprochármelo. Si me deja tirado le romperé los dientes a ese miserable tocador de alumnas. Le romperé esta botella en la cabeza, se la romperia ahora mismo, aunque me diera el lectorado. ¿Y ahora a dónde voy? Ah, tranquilo, el paso subterráneo, tengo que encontrar a la mendiga. No creo que diga que no a unos cuantos golpes de gollete. Porque, decididamente, esta noche caerá la vieja etiqueta. De hecho, aún queda lo mejor de la noche.

Ahora que lo pienso yo creo que ese tal Palacio se casó. Hizo algo así como casarse con la tonta que lo esperaba. Ah, qué lástima, los sucios clientes del *Union Bar* me lo habrían explicado, ese sucio dibujante llamado Parodio, ese pajillero del cómic, ese *voyeur* siguió a Amanda con los ojos hasta que... bueno, olvida. Pero ése tiene que saber de Palacio y yo creo que se casó con la novia que tenía antes de pegarse a Amanda, pobre imbécil, estará criando hogar y cultivando recuerdos. Cuando una mujer decide que te espera hay que coger el primer barco y abandonar puerto. El tiempo ha de pasar como el alcohol por la herida. Adiós, adiós, si nos quisimos tanto.

Llevo una sombra a mis espaldas, pero no quiero volverme. Mejor me paro... Espero... Enciendo un cigarrillo... Nada. No me extrañaría que quisieran robarme la botella, seguro que el camarero ha comprendido ya que me vendió una joya y anda por estas calles tras mi pista. Era un husmeador, el camarero, un verdadero sabueso. Y el hombre de la nariz comida por la ginebra también me vio, yo creo que me va siguiendo por los bares. Voy a hacer un alto. Una leve parada para repostar, sí por cierto.

Yo mismo. Ayer mangando un bolígrafo de plata, una belleza como no he vuelto a ver otra y hoy envejeciendo en la misma ciudad. Ahora reúno dinero para mis cosas, para mis vicios, y espero que cada día sea más o menos como el anterior. Cuando la vida baja, cuando es peor, hay que ver si se mantiene y, si no, entonces uno sabe que ha pasado otro año, otro período, lo que sea, pero que ha bajado un escalón. Hay quienes los bajan con buen estilo, como los ingleses en lo que va del Imperio hasta hoy; y otros, los hijos de la Contrarreforma, que lo hacemos como hidalgos viejos, privándonos, hasta que un día la pensión de jubilación nos dé sólo para morir comiendo sopas de pan. Lo que no debe perderse nunca es la dignidad. El placer sí, si es necesario; la dignidad, no. No alimenta pero tampoco mata. Uno vive; luego vive; luego sigue viviendo. Es una aspiración. Se va quedando delgado lleno de dignidad. La dignidad es como el aire.

Luego está la dignidad externa, pero ésa es sólo para los ricos, para los que pueden pagar por ella. Uno es digno y rico y le para los pies a cualquiera con su dignidad. Yo, en cambio, me tendré que meter la dignidad por el culo para conseguir ese lectorado de curso completo, las nenas alemanas, todo eso. Si yo fuera rico, el que se tendría que meter la concesión por el culo sería el viejo verde sobador de alumnas. Pero no soy rico; y entonces me refugio en la dignidad interior y sigo siendo flaco y aéreo y pongo el culo y me voy a Alemania un curso completo y –pienso– algún día me vengaré, cuando a nadie le importe, porque la dignidad es como el aire, la dignidad interior, la única que se encuentra al alcance de todos los españoles, como el No-Do, antaño, me gustaría saber en qué mundo estoy viviendo y qué es lo que ha ocurrido desde antaño, cuando veíamos el No-Do antes de cada película y maquinábamos la caída del Dictador.

Es decir, maquinábamos y veíamos el No-Do porque el noticiario oficial y obligatorio de la Dictadura nos llenaba de coraje, de convicción, de dignidad... sí, de dignidad; era tan digno verlo y comprender la ofensa que se nos hacía... Sentir allí la libertad y la verdad pisoteadas, escupidas, cagadas y meadas por los perros azules de la noticia, la gusanera informativa, era como si te metieran un petardo redentor por ahí atrás y tú venga, dale, la verdad nos hará libres. Y fue verdad porque les hizo libres... a los perros, libres y combativos, y hoy nos atragantan de libertad y democracia como antaño hicieron a otros con el aceite de ricino. Y... qué v'acer, como diría Rio, nos volvieron a ganar, por eso somos tan dignos, lo mismo que los pobres, por ahí volvemos a donde estábamos, yo, Mansur, que maquinaba antaño.

¿Qué puede hacer un poema, un poemita, un *haiku* incluso, contra un Aparato? *No he de callar, por más que con el dedo/ ya tocando la boca, o ya la frente/ silencio avises, o amenaces miedo.* Y el Señor de la Torre de Juan Abad fue enviado allí mismo de una patada en el trasero y estuvo años rabiando con mortificada dignidad de alma contra la dignidad de cuerpo del Conde-Duque de Olivares, sí por cierto; tan cierto como que él era un reaccionario escatológico pero ¡qué diantres! buen poeta. ¿Qué pudo hacer –repito mi pregunta– contra el Aparato? Lo mismo que yo, que no soy tan buen poeta ni tengo señorío que me ampare en las horas malas. Es un asunto muy español, ciertamente, un asunto con mucha historia. Pero voy a perder a mi mendiga. Y la cabeza, si no salgo al fresco. Y el dinero, maldita sea, que se me acaba de caer.

Yo empecé robando en nombre de la belleza. Un bolígrafo de plata, una pieza exquisita. Pero mi alma me obligó a devolverlo. Pobre alma, una pobre perdida en las manos lascivas de la Contrarreforma, mi alma debería parecerse a una de esas adolescentes alemanas que el viejo verde toquetea cada curso con ese deleite apocado de los babosos. «porque su currículum se interrumpe en el año... vamos a ver...». Qué demonios le importa, vamos a ver, la fecha de mis poemas, la publicación de mis libros... Un verdadero poeta escribe y publica cuando quiere. El valor del silencio, del cansancio y hasta de la impotencia..., ¿qué pueden ser para la mente de bayeta de un viejo profesor enquistado en sus repeticiones, solo como un perro en un país que odia y lo suficientemente aterrado de la vida como para no volver jamás al país natal? Prefiero beberme esta botella y meársela después en la cara antes que suplicarle.

Y a todo esto hay una mendiga cerca de aquí, que mis ojos no ven, y una sombra a la espalda que mis oídos no escuchan. ¿Quién es el que me sigue? ¿Rio? ¿Baker? Ahora pienso que no debí abandonar el *Union Bar,* pero siempre pienso demasiado tarde.

¿Dónde estará Palacio ahora? Duerme en su hogar. Bajó del avión esta mañana, rindió cuentas en su trabajo, tuvo un almuerzo, encaró nuevas gestiones, se sintió satisfecho y cansado, se tomó un par de copas en un top-less con otro de su rango, volvió a casa, muá-muá, besitos a los niños, besito a la esposa, la cena, la tele, los documentos, otra copita, espérame en la cama, la otra que se duerme, un vaso de agua fría de la nevera, y a estas horas, cuando la gente como yo camina por las calles, duerme en su hogar, duerme como un leño, todo va bien, todo es un sueño.

Me parece que no estoy soñando. No sé cuánto dura esto. No hay reloj. No sé si hay ya luz, una pizca de luz. No sé si es plena noche. No puedo estar despierto. Si estuviera despierto podría hacer algo, mirar el reloj, abrir los ojos. Empiezo a pensar que estoy consciente y que me sucede algo grave. No en un agujero del sueño sino consciente. No tengo dolor. No tengo nada. No puede ser un infarto porque no siento nada. Nada. Sólo tengo la cabeza.

¿Dónde está Isa? ¿Estoy en mi cama? ¿Estoy durmiendo o en otro lugar? ¿Por qué pienso que es de noche? ¿Por la oscuridad? A ver: lo último que recuerdo es la cama, que me costaba dormirme. También creo que estoy tendido. No sé por qué pero lo creo. Ya no tengo miedo. No tengo prisa. Es increíble. Todo está paralizado. Es igual que si estuviera en coma pero pensando. ¿Hay alguien afuera? ¿Lo sabe alguien? ¿Me están cuidando? ¿Me estarán mirando? No oigo nada. Isa, Isa ¿me ves? ¿Estás ahí?

No sé si tengo dinero para atender a todo esto. Isa tiene que saber encontrarlo, el seguro médico está en el secreter, en la segunda cartera de documentos. ¿Lo encontrará? No es posible que no lo encuentre. Pero el seguro lo cubre todo, no pasará nada; sólo si es un tratamiento especial, una U.V.I, una U.C.I., entonces tiene que acordarse de hacerlo por la Seguridad Social o nos costará una fortuna a pesar del seguro. El seguro tiene un límite. Oh, Dios mío, espero que se acuerde de eso. Hay un límite por día de hospitalización, si lo excedemos en el tiempo empezaremos a pagar: No lo hagas, no te equivoques. Tendríamos que haber hablado de esto con mayor claridad, nunca mira los papeles, siempre supone que yo me haré cargo de las cosas cuando sucedan.

Me gustaría saber cuánto tiempo llevo pensando. Sólo el tiempo. ¿Qué me ha podido ocurrir? No oigo. He perdido todos los sentidos. Pero al menos estoy respirando; aunque no lo sienta estoy respirando; si no, no podría pensar. Y la sangre tiene que estar circulando, riega el cerebro. No siento el cuerpo pero está ahí. ¡Estoy en mi cuerpo! Estoy en mi cuerpo. También puede que sólo esté soñando. Pero estoy vivo.

Ahora tengo que hacer memoria. Lo último que recuerdo es que me costaba dormirme. ¿Qué ha ocurrido desde entonces? ¿Cuánto tiempo ha pasado? Ha de ser de noche aún; si no, Isa habría despertado y me habría visto en esta situación y yo notaría algo, con mi cabeza notaría si me mueven o me trasladan. Salvo que haya estado inconsciente, o en coma, y esto sea una U.C.I. La casa de El Árbol. Tenemos la casa de El Árbol. Que no la venda. Que no la venda para pagar esto. Vende las acciones pero no la casa. Habla con la Asesoría, puedes conseguir liquidez sin vender la casa. ¡Por el amor de Dios, no vendas la casa por esto! Me gustaría estar en ella. Oh, Dios mío, que esta enfermedad no me la arrebate. Podría estar durmiendo en El Árbol, soñando, y de pronto el canto de los pájaros se filtrase entre las paredes del sueño y abriese los ojos y hubiera luz. Ábrelos, intenta hacerlo. Estás en El Árbol. Vuelve en ti, sal de la pesadilla. ¿Por qué digo que es una pesadilla? Si esa idea te ha venido a la cabeza a lo mejor es que estás saliendo del sueño. No puedo. No puedo.

Y además no estoy soñando. Me pasa algo grave. Es muy grave. Y ya no sé. Ya no sé... Tienes que esforzarte en volver al sueño y continuar dormido. Sólo dormido. No creo que vaya a soportar por mucho tiempo esto de darle a la cabeza sin parar. En algún momento tendrá que venirme el sueño o me volveré loco. No puedo estar pensando horas y horas como si estuviera dentro de una piedra.

Y si se acercara la muerte, ¿la sentiré venir? Quizá estoy agonizando y nadie se da cuenta... Isa, Isa, ¿dónde estás? Despierta, por el amor de Dios. Qué va a ser de nosotros si me quedo así meses, años... Creo que prefiero morirme. Lo prefiero. Antes que aceptarlo ahora, justo ahora, cuando lo tenía todo en orden. No puedo creerlo. Es una pesadilla. Esto no puede ser real.

Pero tiene que ser de noche, sí; Isa, las niñas, estarán durmiendo. Yo tengo el sueño muy profundo, desde siempre, y cada despertar me cuesta un esfuerzo. Esta vez ha quedado un conducto abierto y estoy pensando por él, aunque esté dormido. Quizá sea por el alcohol, anoche estaba un poco soplado cuando llegué, por eso se ha producido esta alteración. Lo peor es que puedo seguir así hasta el alba pero, Dios mío, lo que sea con tal de despertar. Tengo que distraerme, imaginar algo. Justo ahora no se me ocurre nada, no consigo recordar ni una película, ni una historia, qué atrocidad.

Tenemos dinero para resistir si Isa no mete la pata. De todas formas la meterá porque con esa manera de ser de negarse a entender qué es el dinero y para qué sirve confunde un cargo con un abono, todo le da igual. Ni siquiera sé si sabe cómo está organizado todo, dónde está todo, qué lo va a saber, qué le importa a esa estúpida. Hoy, a fines del siglo veinte, para ella, el dinero sólo son deudas y la cuenta corriente; no distingue una acción de una letra de crédito y tiene que empezar a operar con todo. Ojalá se le ocurra consultar con la Asesoría, por lo menos ahí está todo documentado y me conocen bien. Luego está la caja. ¡Abre la caja! Es imposible que no lo piense. Cálmate. Ellos pensarán por ella. No dejes que te puedan los nervios. ¿Nervios?

¿Dónde están mis nervios? ¿Queda algo de mí además de esta maldita cabeza?

Cálmate. Calma. Calma. No sigas dando vueltas a la enfermedad, no tiene por qué serlo. Estoy dando tirones a todo lo que me pasa por la mente. Sosiega. Inventa. Imagina una historia, pornografía, lo que sea. Aguanta. Tienes que volver a entrar por el agujero del sueño. Si te torturas así no lo conseguirás.

Amanda. La casa. Es por ahí. Recuerda a Amanda. Vamos, visualiza. Descríbela. Empieza. La casa. Piensa en la casa. Piensa que estás allí. *Estoy* allí. Corta la cabeza, es una cinta sin fin. Córtala. Vete. Aléjate.

Habían acordado reunirse en El Árbol. Ella llegaría primero. Tenía que llegar cargada de todo lo que necesitase porque no podía dejarse ver. Después, dos días más tarde, llegaría él. A partir de ese momento podrían proveerse de lo que quisieran, porque él bajaría a buscarlo al pueblo, pero hasta entonces tendría que estar permanentemente en la casa. Nadie debía verla. Nadie. Pensaron que quizá alguien podría darse cuenta de que la casa estaba habitada cuando estuviera ella sola. Ése era su problema, advirtió él, hacer ver que en todo momento la casa estaba vacía. Él tuvo dudas, pese a todo, e insistió varias veces en que quizá eso no resultara tan sencillo pero ella era una experta, sabía estar sin estar, camuflarse hábilmente, vivir sin despertar sospechas. Nada de coche, nada de paseos, sólo estar como una sombra, lo importante es que nadie pudiese reconocerla, no que la casa estuviera aparentemente habitada a ratos. Él insistió: cualquier presencia es detectada en seguida en un pueblo. Pero la casa estaba fuera del pueblo, en la colonia, donde la gente venía si acaso los fines de semana y abría y cerraba las casas de vez en cuando. Una ventana que se ilumina en la noche, el ruido de un motor que se desvanece o se detiene...

Apenas había empezado la primavera y entre semana no había aún casas abiertas. Podía resultar, o por lo menos ella estaba segura y para él la única medida importante era no dejarse ver por el pueblo, no dejar la imagen de un rostro y un cuerpo en la memoria de ningún vecino del lugar. La presencia de cualquiera que rondase la casa era peligrosa para ella y, de rebote, para él, pero los riesgos parecían estar dentro de lo admisible. Además, no había otra salida por el momento, era cuestión de dos días, nada más, hasta que la ruta estuviese despejada y ella pudiera abandonar la zona, primero, y el país, después. Él no podía deshacer ese compromiso y, además, no quería. Hay momentos en los que uno debe jugarse las cosas muy rápido, uno de esos momentos en que la ocasión es simultánea a la decisión; y le gustó, le gustó que las cosas sucedieran así porque era estimulante. Ella necesitaba un refugio y él una aventura. Ella tenía un destino final: Salir, escapar del país, burlar un cerco, en definitiva. Era *toda* una aventura y él había dicho sí.

Dos días después llegaría él. Por otra parte, ¿quién iba a buscarla allí? Es cierto que podían relacionarla con él, ahora, después de tanto tiempo, pero antes que él habría otras muchas pistas, direcciones, otras líneas de investigación. De hecho, el plazo de una semana venía a cubrir sólo una espera de seguridad. Tendrían que atar demasiados cabos para dar con la casa. Nada de atender el teléfono, por ejemplo. También pensó que su mujer podría llamar. No, lo cierto es que todas las precauciones estaban tomadas. Hay un índice de azar, un cupo de posibilidades incontrolables, pero hay también un margen de improvisación en cualquier operativo en el que lo importante no es prever sino confiar en tu capacidad de respuesta. Ella la tiene, sin duda, y él también; en principio estaban a cubierto de todo lo que no fuera el día en que a cada uno le llega su hora. Pero nunca se sabe; un lugar pequeño es un lugar pequeño.

En todo caso le inquieta su viaje porque mientras él esté fuera ella estará al descubierto si hay un golpe de mala suerte, una de esas casualidades activas que nos pueden en la vida.

Él ha simulado la prolongación de un viaje. Lo ha hecho con astucia: En realidad ha pactado un viaje para el que sólo necesita tres días y lo ha convertido en un asunto de trabajo de casi dos semanas. Las coartadas están bien cerradas y espera volver a los tres días justos. Entonces se esconderá con ella en la casa. De pronto imagina que su mujer le descubre allí en vez de estar haciendo la ruta de Centroamérica. Sólo las casualidades no están previstas –piensa–. La misma situación es asombrosa: está engañando a la vez a su mujer y a su Empresa mientras encubre a otra mujer y se acuesta con ella. Nadie lo creería: Ésa es la ventaja; aunque le descubrieran, la verdad no la creería nadie. Por eso está convencido de que saldrá bien.

Aún le ronda otra pregunta: ¿por qué lo hará ella? Ya ha pasado el tiempo, han pasado las ideas, la gente, las razones, los sentimientos... Ha pasado el tiempo –piensa– es un acto fuera de lugar. Él no lo hubiera hecho. No lo haría. Otra vez la clandestinidad, ponerse en marcha, tensar las cuerdas... Ya no hay razones, no hay ninguna razón, ni siquiera la resistencia a envejecer. Ninguna. Ahora, sin embargo, va asumir un riesgo; es otra cosa pero es un riesgo. Es un riesgo en el peor estilo porque no sabe cuál es el juego de ella pero sólo le interesa ella, *ése* es en realidad su riesgo; *ésa* es su razón. Al final, siempre es lo mismo, perder la cabeza por una mujer. También es un viejo mito. Le gusta. ¿Un mito? No es arrancar sino participar, algo pasa a tu lado, te dice: «Ven», y tú vas, quizá se aparte en seguida, quizá llegue más lejos, no es su historia pero va. Piensa que todavía no ha perdido la curiosidad; ni la curiosidad ni las ganas de follar. Eso es todo: Ella ha vuelto, le ha encontrado, no va a echarse atrás, no quiere ni ganar la partida; pero esta mano sí, esta mano y esa pelirroja son suyas.

Yo conocí a Mansur acá en Madrid, creo que era el año setenta y siete, sí, yo recién acababa de llegar. Recuerdo muy bien que ya entonces había dejado de escribir poemas. Bueno, no lo decía pero lo había dejado. Me recuerda el caso de un tipo de allá, de... Bueno, un tipo que escribió un hermoso libro de poemas y se sacó un premio y luego no escribió más, pero era *el poeta*. Y nadie le hizo ningún reproche. No escribió más pero siempre decía que estaba por hacer algo grande, quién sabe si lo hizo, se ahogó en el río con todos sus papeles; o a lo peor nunca tuvo papeles y se ahogó solo, son esos misterios que uno los deja ahí, y mejor, porque él y yo siempre nos tomamos unos vinos y hablamos de poesía. Era un privilegio.

Él recitaba continuamente poemas de otros, al revés que Mansur. Mansur no hablaba de poesía, hablaba de literatura, parecía un crítico, pero la verdad que casi nunca hablamos de poesía; y si le mencionabas nombres o versos decía: «Sí, claro, un maestro»; o: «Ése no es mi camino, no lo frecuento»; pero todo eran adhesiones o desdenes más bien correctos, quiero decir conmigo, como si le produjera desgana. Para mí que le recordaba su silencio, su dificultad.

Yo lo estimo, cómo no. Creo que habremos hablado tantas noches que lo recuerdo todo como una conversación inmensa, cortada a veces para dormir y otras para comer. Ése era nuestro lugar de encuentro, hablar y hablar, de la vida, del mundo, de todas las cosas, pero sobre todo de literatura, siempre la referencia, entonces sí sacaba versos, capítulos, citas para ilustrar, entonces se le encendían los ojos y uno podía ver que estaba excitado, febril, buscando las palabras precisas. Pero yo sabía que había dejado de escribir.

Yo he deducido muchas cosas, soy buen observador y en seguida relaciono. A veces también hablamos, los muchachos del *Union,* y me imagino que ellos también hablan de mí, todos escondemos algo y nos gusta comparar cuando no está el otro. Pero a mí no. Yo no quiero hablar. Lo de Mansur es distinto, es curiosidad. Yo no. Yo di vuelta a la llave y chau, puerta cerrada, lo mismo que si me hubieran amputado un brazo; uno vive sin su brazo, por ahí hasta enseña habilidades que ha aprendido para valerse sin él; pero uno no se la pasa hablando del brazo, ni siquiera para contar cómo lo perdió, por lo menos yo. En cambio Mansur, en esa manera de callarse, está mostrando continuamente su historia, está queriendo decirnos que ya no puede, que ya no escribe, que se equivocó, que lo atendamos.

Es al revés que lo del negro Rojas. Iba por los pueblos recitando poemas de otros. Era litúrgico. Tenía un Dos Caballos tan viejo como el mundo y daba funciones en las que mezclaba la música y la poesía. Siempre encontraba un guitarrero que le punteaba los recitados y luego él se encargaba de introducir y comentar y apostillar, y a veces hasta entonaba algo, unos compases que luego dejaba como suspendidos hasta que el guitarrero los recogía y entonces él, porque era litúrgico, dejaba que todo sonase como la celebración de un misterio de la misa para entrar lo mismo que un predicador, bien con un poema de Neruda, bien con uno de César Vallejo, y luego iba secularizando el recital hasta que llegaba a González Tuñón o a Nicanor Parra. No es que los primeros fueran religiosos, claro está, es que él les daba un aire de ceremonial a cuyo lado los otros sonaban como el poeta de la casa de al lado. Luego bajaba de la celebración a la tabernita y terminaba allí, y se mandaba unos vinos con la gente que lo había ido a escuchar hasta que lo llevaban a la cama.

El negro Rojas escribió una vez un poema y lo largó en un recital, ya hacia lo último, atribuyéndoselo a un innominado poeta del pueblo. El poema era malo pero efectivo. Alguien se interesó por el autor y el negro Rojas, pillado de sorpresa, hubo de acudir a una invención para salir del paso. La invención fue tan buena que la gente empezó a solicitar el poema y una biografía adjunta. Al final ya no lo recitaba sino que contaba la historia del poeta innominado como el que cuenta un cantar de ciegos, como lo llaman acá. Entonces dejó los recitales y se dedicó a contar la historia del innominado. La historia era tan rica y tan variada que cada vez se alargaba más sin que el fervor de la clientela decreciese. Un día, cuando salía medio borracho de la taberna camino de la cama, un desconocido lo enfrentó, le dijo: «Esto es para que me olvides», y le clavó un cuchillo en el corazón.

Para mí que Mansur anda buscando ese cuchillo. Lo que pasa que Mansur cuenta su historia y nadie le va a matar por eso. Cuando uno va soltando su historia, aunque sea de la manera que la suelta él, no puedes contar con que otro venga a cumplir el encargo por ti, ésa es la cuestión. Pobre negro, era un buen tipo, un entusiasta, la verdad que podría decirse que lo mató su entusiasmo. Cuando recalaba... bueno, cuando venía de gira, o le quedaba cerca entre dos lugares, siempre venía a vernos y ahí nos quedábamos toda la noche, hablando de todo y de poesía, lo más bien, al cobijo de la sombra de los barrios queridos, hablando de todo lo que pensábamos, todo lo que soñábamos... y todo lo que acabamos siendo, ay Tuñón, siendo sin saberlo *inocentes como animales y canallas como crestianos,* también nosotros, también el negro Rojas y el poeta ahogado, y el resto de la Humanidad.

La gente del *Union* es loca. Lo sabemos. Estamos juntos por eso. Nos inventamos la vida nomás, no hay mal en eso, a cierta edad. Y a veces sucede que alguien se lo cree y está bien, sólo dura lo que dura la necesidad. La verdad que es como un club de niños ancianos, es raro y confortable, es lo mismo que ver a la gente que ya se te ha muerto, sí, lo que pasa con el *Union Bar* es que es imaginario. Por eso es como un sueño, qué grande, nunca lo había pensado hasta ahora. Como un sueño. *La vida es dura,* amigo, *la vida es dura/ Eche cinco centavos en la ranura/si quiere ver la vida color de rosa.*

Sólo que yo estoy afuera y Mansur esta noche estaba adentro. ¿Qué fue lo que dijo? Porque estaba entrando y saliendo y muy pesado con la mendiga que andaba a la puerta riéndose sola; pero luego, yo creo que fue Baker, nos dijo lo de Amanda y el *Sandor,* y Gómez, que andaba contando sus historias, se puso pálido; y después desapareció y la mendiga tampoco estaba ya. No puedo creer que se fue con ella, no podía estar tan mamado, se fue con el vaso, teníamos que haber salido a buscarlo. Quizá no, quizá no había tomado tanto y lo que pasa es que estaba adentro, bien adentro, y entonces no hay modo, cuando te agarra la oscura no hay alcohol, ni amigos, ni la lucecita de Campanilla.

De todas maneras llevaba alcohol. ¿Lo habría llamado de verdad esa mujer? Las mujeres son terribles. El alcohol tambien. Una vez en... al gallego Leira, le agarró la pálida en mitad de la noche. Yo creo que fue en El Embarcadero, como a principios del otoño. Todos creímos que se nos iba al otro mundo. Hablaba como en sueños, diciendo cosas incoherentes y llamando a la madre unas veces y otras diciéndonos que no lo lleváramos a la casa salvo que ya viéramos que se moría. Y en aquella especie de confesión que nos hacía, a las puertas de la muerte, porque era la primera vez que a uno de nosotros le agarraba la pálida, escuchamos medio aterrados, medio excitados, cómo nos obligaba a jurar que jamás le contaríamos a la madre que se había acostado con su tía, con la hermana de la madre, vaya uno a saber cuándo y, visto desde ahora, qué fue lo que en realidad hicieron, pero me acuerdo que la hermana de la vieja estaba buena y nos calentaba a todos y aún hoy dudo si no aprovechó la ocasión para marcarse un punto. Lo que ocurre es que luego se le pasó y quizá fuera cierto lo que dijo porque a la mañana siguiente nos buscaba aterrado pidiendo el secreto de una manera más patética que en la noche. Desde entonces nunca dejamos de mirar a la tía con tales ojos codiciosos que yo creo que ella sí que adivinó que nos lo había contado, si es que sucedió en realidad. Bueno, el caso es que la tía se llamaba Amanda y no hay modo de que no me excite todavía cuando oigo ese nombre. Y aquí, en el *Union,* cuando se la nombra, que casi nunca, todos los ojos se encienden y los muchachos respiran de otro modo pero luego, en cuanto que aparece Mansur, o si anda cerca, el asunto se apaga como una pavesa y todo el mundo se lo queda dentro. Una mina así es como la primera vez que escuchás una canción que te rompe el corazón. Ya no se olvida jamás.

En fin, yo voy a recogerme. No ha servido de nada dar vueltas por ver si daba con Mansur. La verdad que yo no quería encontrarlo, pero ya se sabe, si un tipo está al borde a mí me da apuro dejarlo solo. Si lo encuentras te jodiste, porque a lo más acabas tú como él, muerto y roto. Nunca se ha visto que uno se lleve al otro a la casa y lo acueste así por las buenas. Primero ha de pasar un calvario de bar en bar, defenderlo de otros borrachos, y luego, si hay suerte, a la casa y a la cama.

Un saco. Eso era el gallego cuando lo dejamos en la puerta de la casa del viejo Leira. Todos salieron en desbandada y yo me quedé atrapado por el cono de luz que se encendió a la entrada, después de tocar el timbre. Me quedé como un animal deslumbrado hasta que se abrió la puerta. Entonces le vi la cara al viejo Leira y salí como alma que lleva el diablo. Pero adentro, en lo más hondo de la cabeza, guardaba una segunda imagen que me quedé sólo para mí: La del medio cuerpo de la tía en lo alto de la escalera, cuando el viejo abrió y soltó el juramento bestial, sus piernas desnudas semiocultas tras la barandilla. Yo me pasé media noche en blanco, pensando si el tipo no habría enterrado a la vieja en el patio esa misma tarde y qué momento para dejar al gallego Leira a la puerta de su casa.

Cualquiera de esos bultos sería capaz de matar por una botella y yo llevo ésta. ¿Por qué no voy a sentarme aquí, en el subterráneo? En esta esquina, cerca de la salida, sí. Esta noche la mitad de las luces están fundidas o rotas; no conviene arriesgar. Voy a hacer de mendigo yo también, un rato, un ratito. Vaya mierda de gente que se junta a dormir por las noches. Pero mi nariz debe ser la única que lo nota. Pobre nariz. Yo me siento y espero. Uno de estos bultos ha de ser la mendiga. Pero ella no se tumba, se sienta con las piernas recogidas debajo de la barbilla así que no está o tengo los ojos tan cansados. Me siento en la esquina y miro. Es imposible saber cuántos hay. Cuando la suciedad hace costra el olor se asienta y es de otra manera, es una propiedad, no una peste, es un olor animal. He puesto la botella justo debajo de los cojones, nadie va a tocarla sin que se la rompa en la cabeza. Ahora eres un mendigo. No me fío de esta gente.

Hacen que duermen pero están todos despiertos. No sé si conocen. Estoy seguro que alguno se va a acercar pronto o tarde así que aquí me quedo, a ver qué pasa. Nadie cruza este paso desde que he entrado. Ahora se remueven, ahí, me han visto. No. Ahí están sentados y cuchichean. ¿Estará la mendiga? Voy a esperar a ver. Ahí viene alguien. Debe estar tan loco como yo. No, es otro.

No sé cómo se reconocen en la noche ni cómo encuentran su sitio a pesar del neón porque todo esto es una sucia masa de mantas y harapos y colchones viejos. Aquí se respira la mugre. Mira, ahora hablan ahí enfrente. Hay uno que tiene una risita de rata. Los demás ni se mueven, menudo asilo, parece uno de esos dormitorios de indigentes de las películas de Charlot. Muchacho, estoy en medio de una película en blanco y negro de la época de la Gran Depresión, es fantástico, o de los años del hambre en el Madrid de postguerra.

Ahora la gente llega tarde a la Historia pero se lo arregla el cine. Las películas de la hambruna española ahora son en color y las de la Gran Depresión eran en blanco y negro. La democracia llegó a este país cuando ya no había más que películas en color y democracia. Somos magníficos. ¿Será posible que este cabrón se haya meado encima? Buen material para la capa de olor. Son indestructibles. No se pudren. También se tapan con eso, con la orina.

Yo creo que todos me han visto, hasta el que tengo al lado. Pero no se acercan. No se van a acercar, por ahora. Me acuerdo una vez en un oscuro bar de cócteles, por ahí por la Plaza de España, una de esas noches sin fondo, no quedábamos más que nosotros y de repente aparecieron dos parejas de gitanos, con guitarra y todo, que primero aceptaron una copa y luego propusieron seguir la juerga en otro lado. Y luego recuerdo que al cabo de un rato nos miraron de una forma extraña y desaparecieron de repente. Hasta que me di cuenta de que les habíamos dado miedo, en nuestro estado, y no sé si fui a mirarme al espejo, ahora que lo pienso, porque no tengo la imagen de mi cara. Pero lo mismo tengo ahora la misma cara, el mismo aire, en esta semioscuridad que me ven como yo les veo a ellos, esa pila de mantas zarrapastrosas, ese ruido de botella que acaba de sonar pero que no es la mía, que la siento aquí abajo, y ahora parece que se están despertando, pero cuidado con éste de aquí, que no se mueve, ni los de esta fila. Pero qué colección tan sucia de bultos sarnosos. Estaría bueno prender todo este montón de trapos con el mechero ¿qué te parece?

Mira cómo se ríen. Me ponen nervioso sus risas. Son risas sucias, es una risa escupidora. Les gusta la suciedad, les gustan las babas, andar pringados. Mira cómo beben ese par de cerdos a gollete. Unos duermen, otros cuchichean y se ríen con sus risitas de rata... Si alguno se entera de que tengo la botella ya puedo darme por muerto. Me echaría un trago al cuerpo pero a ver quién se atreve. Lo mismo que el tío de la nariz comida por la ginebra, tienen el cerebro comido por el vinazo.

O no sé si levantarme y buscar por los alrededores. O abajo, en el Metro, donde también se juntan muchos. La cantidad de veces que he pasado por estas infecciones de la noche, mirando los bultos o los ojillos relucientes, ellos pasan de ti y tú de ellos, y ahora estoy y por cierto que voy a tener que andar con cuidado si no quiero quedarme dormido y me agarro una pulmonía en medio de esta corriente. ¿Qué hace la mendiga cuando viene a dormir aquí? ¿Se la zumban éstos o la dejan en paz? Lo mismo debajo de las mantas y de los cartones andan todos desnudos como lombrices. Un día te levantas, coges un hatillo y empiezas a ir de aquí para allá, implorando, pidiendo, eligiendo tu sitio y tu clientela. En esta vida todo es cuestión de saber hacer una figura y aunque sea una figura tan sucia como la de estos desechos, hay un arte, también aquí puedes ser el mejor, hay un arte de supervivencia, un código, una jerarquía, un arte de seducción, ésa es la supervivencia, un arte de araña, de seducción y trampa, de belleza y sangre, tú esperas, tejes y esperas. Un día seleccionas una iglesia y extiendes la mano a la salida de misa; has de saber quién te da, cómo te da, esos caritativos son gente sola e infeliz, quieren ser reconocidos y tú lo haces, para ti son clientes y para ellos eres un bien del alma, un descanso, un suspiro de bondad reconocida, te necesitan,

necesitan la paz que tú les das al recibir su moneda. Qué gusto ser alguien, ser el protector de un sucio y desamparado saco de retales, un alma embrutecida y agradecida. Un día tengo que ir a pedir limosna, pero estos animales me matarían si ocupase su esquina o entonase su cantinela, me matarían con la tranquilidad que agradecen una moneda, me matarían por una botella de vino peleón, tengo que ir a pedir limosna, lo mismo que he tenido que pedírsela al sátiro, a ese sucio viejo verde, quizá si hubiera ido lleno de andrajos se habría compadecido, pero no, su alma es más negra que las uñas de todos estos pedigüeños hacinados en el subterráneo, ratas de alcantarilla, ratas medrosas, cobardes, escondidas. Hienas.

A lo mejor he venido a ver mi destino, quién sabe, porque la vida está difícil y yo estoy empantanado, eso de entender que ya no sales de ahí, que ya no hay manera de rectificar ni de aprender algo nuevo, que te jodiste tú solo, que ya lo que haces vale menos cada vez y que vas para viejo y para pobre, me parece, no para mendigo pero sí para pobre y cuando a veces te agarra el miedo... bueno, aquí en la mierda aún me siento reconfortado, todavía me queda tiempo, creo, mucho hay que disolver el cerebro para llegar aquí, al subterráneo, aquí el miedo no tiene cara y puedo crecer.

Ah, qué rico el tabaco. Todos pueden ver la punta, la lucecita, aunque andan amontonados bebiendo de esa sucia botella adulterada, me crispan esas risas histéricas y malvadas, qué hacen, por qué se mueven. Y éste de mi lado está perfectamente inmóvil y perfectamente despierto. Me juego el alma a que está acechando mi botella desde que me vio sentarme a su lado. Si saca una mano de entre las mantas se la corto. Odio a esta basura. Esto no es gente. Voy a prenderles fuego. Miseria. Miseria.

Ese jodido miedo es como un tumor, uno de esos bultos que se te agarra a la piel, que no sabes si crece de dentro o se pegó ahí un día como una plaquita o una roncha y se alimenta de ti, que lo tocas muchas veces al día, dudando, preguntándote, lo acaricias mientras se te queda la mente en blanco y lo notas, lo notas, con una angustiada distracción, todo el día palpando, midiendo, acechando que no se haga grande el bultito, aceptando que se haga grande, tú quieto, sentado, tocándote, como un perro que espera no morir nunca, pero un día despiertas y se extiende por dentro, el miedo, y es como si un frío del oscuro norte corriese por tus venas y nunca pudieras huir de él, como si el hielo te alcanzara el alma. Entonces es cuando el tiempo es perverso, cuando te toca el Mal. Entonces es cuando el cuerpo se vuelve tan loco como un animal atrapado en su madriguera. Ni el sueño ni el alcohol pueden con ese miedo. Él solo se desvanece. Luego uno vuelve a acariciarse el tumor hasta que lo duerme del todo; y lo sigue acariciando para que no despierte.

Pero ahora está lejos y yo tengo sed y aquí no está la mendiga así que me voy, con cuidado, escondiendo bien la botella, sin aprestar a nadie, ésos de ahí deben tener la suya más que mediada, no conviene excitarles. Además tengo frío. Bueno: no quiero creerlo pero ahí están echando un polvo, esos movimientos no engañan; ¿será posible que la mendiga estuviera ahí entre los cartones y las mantas y que yo no la haya visto? No puede ser. No me digas que se viene aquí a echarse un polvo con esta gente. No, ésa no es mi mendiga. Mi mendiga es una autista de mucho cuidado y la tendrían que atar de pies y manos porque ni borracha, no le meterían ni una gota de alcohol entre los dientes... En fin, me da igual. Tampoco me importa ver a un par de perros apareándose en mitad de la calle. Antes les tiraban piedras pero ahora ni miran. Ya nadie mira. Todos hacen que no ven y por eso se creen que ya no son unos catetos. Gente de ciudad. Todos durmiendo menos la gente como yo. Duermen hasta estos cerdos que se mean encima con tal de no levantarse. Estaría bien venir una noche a prenderles fuego y escuchar cómo crepita la mierda. Porque no habría ni llamas, amigo, sólo humazo, un humazo acre y unas brasas cortas y mordedoras.

Estoy seguro que hasta saldrían ratas con la cola ardiendo de debajo de ellos.

Vamos. Levanta y mueve tu triste culo. Todavía no estás aquí. Aquí están los que han traspasado la línea y tú sólo la rondas como un cobarde. La boca del infortunio. La boca de la crueldad. Cuando uno baja a dormir al subterráneo... ¡se acabó!, fuera, nunca más en el mundo de la gente. Nadie vuelve del infierno de los alejados y menos de éste, que es la escoria. Animales. Animales. Las ratas se acurrucan junto a vosotros. Así que largo, venga, ¡largo! He podido echar hasta la última gota por la boca. Pero ¿qué hago metiéndome en estos sitios? Me he podido quedar dormido, me habrían succionado bajo las mantas, me ahogaría en el mar de harapos, me estaba quedando sin aire. ¡Y yo pensando que se trincaban a mi mendiga! Pero deberías llamar al *Sandor*. Pero no lo voy a hacer. Cuando uno está condenado no hay remedio. Se puede salir de la pobreza, de la riqueza, de un matrimonio equivocado, del alcohol..., de casi todo. Del mundo de los alejados, de los apestados, no. Es más que un gueto, más que una amenaza, más que un destino. Más. Mucho más. Vamos a ver qué hay dentro de esta botella, lo estoy necesitando. Menos mal que me largué a tiempo. Casi echo las tripas encima del mendigo de al lado. Debería haberme excitado, ahora que lo pienso había alguien jodiendo. Me da asco. Me ha dado asco. Pero llueve. La lluvia quita el asco. Ya no quiero prenderles fuego. Eres un buen hombre, Mansur, tú sí que tienes corazón.

Cuando llegó al Aeropuerto tomó un taxi que lo llevó a la Estación de Autobuses. Nunca había estado en la Estación de Autobuses. Era un bloque de cemento a medio terminar lleno de tiendas vulgares y locales comerciales sin alquilar y corría el agua por las losas del suelo de la sala de espera. Aguardó leyendo pacientemente el periódico hasta que llegó la hora de la partida y abandonó el autobús en una ciudad que distaba veinte kilómetros del pueblo. Allí volvió a tomar un taxi y fue directamente a la casa.

No podía creerlo: La casa estaba vacía. Cerrada y vacía. Primero le dio una vuelta completa y luego pensó que se había equivocado de fechas, que había cometido un error funesto. Después revisó la agenda y todo era correcto: Era el día de su llegada y ella debería estar allí, pero no estaba. Abrió la casa y la recorrió de arriba abajo, irritado consigo mismo por haber consultado la agenda. Pero el estupor era más fuerte que su desconcierto y después de andar de un lado a otro abriendo y cerrando puertas se sintió ridículo y salió al jardín.

Se encontraba solo en la casa y obligado a quedarse en ella porque oficicialmente estaba en Centroamérica. Había cubierto a la perfección toda posibilidad de ser descubierto en falso allá y aquí pero jamás se le ocurrió pensar que sería él quien tuviese que localizarla a ella porque no llegase nunca. Estaba en una casa vacía desde la que no podía comunicarse ni con su oficina ni con su casa de Madrid. Tampoco podía descolgar el teléfono. Todo estaba dispuesto para hacer sin problemas una vida discreta. Los dos iban a hacer una vida discreta y muy íntima esos días. Y ahora se encontraba solo y desconcertado, atrapado en su propia red de seguridad. Ni un mensaje de ella. Ella no ha venido –pensó–. ¿Por qué no ha venido?

Sintió un ramalazo de angustia. ¿Era miedo?. Empezó a pensar por qué razones no había venido ella. Dejó de pensar en seguida. No quería saberlo. Tuvo la certeza de que no era un retraso.Tuvo la certeza de que ella no iba a venir. Lo único importante para él era salir de su ridícula situación. Ella sólo le había dicho, de una manera un tanto eufemística, que tenía que desaparecer discretamente por unos días mientras esperaba una vía libre para salir del país sin problemas. Él no había prestado atención al verdadero sentido de esa expresión y ahora le acababa de sacudir un ramalazo de angustia precisamente porque comenzaba a pensar en ello. ¿Sólo quería salir del país o la estaban buscando? ¿Quién la estaba buscando? La aventura había tomado de pronto otro cariz.

Volvió a recorrer la casa de arriba abajo. Definitivamente, no había rastro alguno de ella. Aquella loca le había tomado el pelo de la peor manera –porque le había tomado el pelo– y ahora estaría carcajeándose de él en alguna parte. Estaba furioso; furioso por la broma y furioso por sentir miedo. Pero sentía miedo.

Miró afuera. Era un día frío y luminoso, característico del primer atisbo de la primavera. Decidió que bajaría caminando hasta el pueblo. Era un largo paseo pero le desentumecería e iba a ayudarle a pensar mucho mejor que encerrado en casa, dando vueltas. Él no tenía problema en dejarse ver, sino ella, al menos eso habían acordado. Buscó la zamarra y salió al exterior. A medida que se alejaba de la casa empezó a sentirse mejor, más ligero, más abierto. Evidentemente estaba bajo los efectos de una broma, una broma quizá impremeditada, una frivolidad. ¿Era posible meterse en un lío semejante sobre una cita como la que habían pactado? Pero lo era. Esa parte le parecía la menos airosa, la que hasta cierto punto empañaba su reacción. Sin embargo, sabía reaccionar. Sin esperarlo se encontraba con un imprevisto y largo fin de semana; solitario, sin sexo, pero propio y todavía clandestino. No era un mal comienzo y estaba dispuesto a que mejorase; una mujer siempre se puede sustituir –pensó– aunque ahora lamentaba no disponer de coche. Aquella estúpida quedó en traer el suyo para encerrarlo en el garaje.

Se detuvo. ¿Había mirado en el garaje? Volvió la vista atrás. La casa había desaparecido detrás de la loma, decidió que no era momento de volver. Pero no había mirado en el garaje. De todos modos, si estaba allí y lo que ella le dijo era cierto, bajo ningún concepto hubiera abandonado la casa. Por lo tanto no estaba allí el coche. No era necesario mirar.

El sol se mezclaba gratamente con el frío. Se sintió a gusto. Entonces empezó a pensar que a lo mejor ella llegaría de todos modos. La verdad es que no tenía motivos para dudar que ella hubiese mentido. Todo el asunto se remitía a su sentido de la realidad pero él creyó que ella necesitaba desaparecer unos días, fuera por la razón que fuese, cierta o inventada. Bien –pensó– puede llegar ahora a mediodía, esta tarde, esta noche, incluso mañana.

A medida que el pueblo iba apareciendo a lo lejos comenzó a preparar mentalmente la cena para esa noche. Sería tan exquisita como una venganza.

«Yo me llamo Rio. Sólo Rio», les dije. No entendieron nada. Yo tenía la cabeza llena de golpes y tuve que empezar a ordenarla de nuevo, como si no hubiera sucedido nada. Luego empecé a pensar que no hubiera sucedido nada y me sentí bien. Entonces comprendí que tendría que llegar hasta eso, hasta la luz blanca de la mente. No porque tuviera miedo, porque tuve todo el miedo pero lo gasté allí y no me quedó nada, dejé de sentirlo, como se queda uno cuando ya no siente el dolor físico. Y fue en la celda cuando volví a pensar en la habitación. Bueno, no es fácil de entender. Yo a veces lo cuento, raras veces; no es que quiera exteriorizarlo sino que por ahí al comentarlo tú mismo vas entendiendo mejor cómo es lo que buscas, es una técnica de contraste, es bueno para poner orden porque al final, cuando lo consiga, todo ha de estar tan ajado como olvidado para poder instalarse en la habitación. La habitación está también en un lugar adentro de ti que es como la cuarta dimensión. Yo ya lo hablaba entonces con los muchachos, bueno, con Oscar y Fusano más que nadie, yo allá lo intuía nada más, no lo necesitaba, andaba... bueno, andaba en toda esa manera de vivir que luego nos jodieron para siempre, quiero decir que apenas tenía tiempo para pensar en ello pero hablábamos de que había que tener algo fuerte bien adentro, por si llegaba el momento de morir por ello, por nuestras ideas... Mirá, ya ves lo que son las cosas. Morimos, no todos, pero morimos; y yo creo que vino a ser después cuando me volvió la idea de ese lugar, esa habitación de adentro que ahora ya conozco tan bien. No nos hubiera servido entonces, cuando nos hicieron remierda, cuando desapareció la gente, cuando los Ford Falcon cruzaban la noche como alimañas, cuando yo andaba de escondite en escondite, luego de salir de la cana, sabiendo y esperando a que cayeran otra vez sobre mí. Por eso cuando crucé el río y llegué al otro lado yo les dije a los que me esperaban: «Me llamo Rio. Sólo Rio», dije. Ellos pensaron que yo estaba mal, que me habían torturado. Pero yo sabía bien lo que quería decirles, lo que pasa es que no me entendieron. Y cuando vine aquí dije lo mismo: «Yo me llamo Rio. Sólo Rio.» Y un día ya no quisieron saber más de lo mío, de lo de adentro, afortunadamente. Sólo quieren las cosas de afuera, todo lo que sucedió en mi país; pero ésas podía contarlas todas, las de los perros uniformados, no hubo problema porque no me quedaba un gramo de miedo. No me gusta y ya no lo hago pero entonces lo hice todas las veces que lo necesitaron, uno tiene que ayudar. Hay cosas que deben saberse. Yo ya no sé para qué pero no me importa, hay muchos que creen que deben saberse. Gente honesta que se ha pelado el culo allá y acá, qué le va a hacer, así es la vida.

Qué rico es el primer pitillo. Voy a hacer una tetera. A mí el té me da sueño, aunque no sé para qué me va a servir esta noche, porque tiene toda la pinta de durarme el desvelo hasta la hora de levantarse, qué mala suerte. Andrés durmiendo como una piedra y yo con el insomnio. Cuando viene con copas me busca el insomnio de tanto dar vueltas y brincos en la cama; y hoy que se queda como un saco de patatas, me despierto con la quietud. Hoy no es mi día. Mejor dicho, mi noche. A saber lo que será el día, con la suerte que tengo últimamente.

En fin, aquí está el agua caliente, el té y el paquete de tabaco. No me falta de nada. Me gusta la cocina por las noches, es el único sitio aparte de toda la casa. Sólo de noche. Me la conozco tan bien a estas horas que me gusta de verdad. Me gustaría que no hubiese tanto cacharro en el fregadero, que no estuvieran los platos ahí apilados de mala manera. Me gustaría dejarlo todo limpio y sentarme tranquilamente a la mesa con mi té pero puedo despertarlos a todos con el ruido. No, qué van a despertarse, esos tres leños. Bueno, estoy tan despierta que iré desde aquí a la ducha y de la ducha a la oficina así que instálate, esta vez quiero la cocina para mí, es el único sitio de la casa donde se puede respirar de noche, es como el lado bueno de la vida; sólo de noche.

Estoy convencida de que el lavaplatos se inventó para toda la familia pero toda la familia está convencida de que se inventó para mí. Eso les hace muy felices, me miran con complicidad cuando me ven metiendo las cosas, como ahora; hasta las niñas piensan: «Qué suerte tienes, mami.» Tengo que perseguirlas cada día para que lo llenen ellas, y lo hacen muy ofendidas por mi vagancia. No lo sé, a lo mejor no. Yo también odiaba ayudar a mi madre, pero la verdad es que por lo menos lo hacía sin rechistar. Bueno, ya está, sucia pero recogida; la suciedad está bajo agua y espuma o dentro del lavaplatos. Ahora me invento la hora del té porque esto parece ya una cocina. ¿De dónde sacaría yo esta manía del orden? Segundo pitillo. Mañana no tendré voz.

Si empiezo a preguntarme cosas como lo de la manía del orden acabaré pensando en mamá y en Freud. Pero si pienso en Andrés voy a empezar a preguntarme por qué se presentó esta noche con ese aire de culpa, esperando la gresca. Yo no lo entiendo: Anda todo el día a su aire, se toma sus copas y su lo que sea, se supone que lo hace porque le apetece, y se planta en casa con un aire entre mohíno y agresivo, como si fuera el tipo más infeliz del mundo, esperando, cargado de razón, que su mujer le reconozca el derecho a la vida. Yo no estoy tan tirada, la verdad. Estaré más loca, seré un desastre de mujer, me pasaré el día contradiciéndome y haciendo lo que no tengo que hacer, pero te juro que no ando por ahí como un alma en pena destruida por la incomprensión.

Té. Mucho té. Es la manera de pasar la vida. Hacer toda clase de cosas y tomar té a todas horas. Menos mal que no me ha dado por el café, tendría el estómago negro. En fin, en estos casos, silencio. Si quiere guerra que ataque primero, y si no, que se caliente la cena. Me ha costado tanto aprenderlo, y me ha jodido tanto aprenderlo, que ahora lo cumplo como el horario de trabajo. Ni más ni menos.

Mejor será no mirar la hora. Además, a lo mejor me

canso y me vuelvo a la cama. Antes creía que me pasaba las noches en blanco porque sufría un buen rato antes de dormirme, como todas las adolescentes en crisis. Ahora, en cambio, me paso unas genuinas noches en blanco después de haberlo sufrido todo. Porque, eso sí, estoy en paz, he cerrado el cupo. Qué descanso el día que me di cuenta. Y sin embargo añoro lo de sufrir por las noches, por lo menos un poco, antes de dormirme. Sufrir como entonces, claro, una es sentimental pero no masoquista. Aquella cosa hiriente y suave, que hacía daño tan dulcemente, en realidad. Oh, qué tontas somos las mujeres, siempre sacrificamos lo mejor.

Siempre me acuerdo de Jaime Cerezo. Es tan raro eso de que se te quede dentro una persona sin saber por qué... En fin, siempre hay un por qué. Lo raro es el por qué. Yo creo que nunca estuve enamorada de Jaime, si lo pienso bien, y sin embargo Jaime fue mi primer amor y no lo he olvidado nunca. Jaime, imagínate, ni siquiera llegamos a acostarnos. A acostarnos, sí, la verdad, pero yo salí virgen de ese encuentro y luego ya no pudo haber otro, no sé si tengo nostalgia o tristeza, quizá tristeza, esa tristeza que da cuando se terminan las ocasiones perdidas, cuando haces algo que, en el fondo, no deseabas, pero que sí querías que sucediera, y luego, cuando sucede, te das cuenta de que no deseabas que ocurriese, no sé, es muy confuso y es muy claro... Toda la historia de Jaime era una historia imposible porque llevaba a la cama y eso era algo a lo que no queríamos llegar ninguno de los dos y sin embargo fuimos hasta allí como dos condenados y yo creo que ambos sabíamos que nos condenaba, y fuimos, y quizá por eso es la historia de amor más hermosa que he vivido.

Pero no es que no quisiéramos ir a la cama, es que el amor no nos llevaba y nosotros nos empeñamos, casi como dos suicidas románticos, porque no podía ser de otra manera. La verdad es que es una historia que todavía hoy me hace llorar.

Pero nos queríamos, nos queríamos arrebatadamente,

nos queríamos con toda el alma y con todo el cuerpo. Con todo el cuerpo, sí. Era un amor tan grande que nos daba miedo, que nos hacía temblar de emoción y de miedo. Recuerdo esa manera de temblar. Nunca he sentido tanto, nunca he estado tan al borde de desaparecer en una emoción tan fuerte como aquélla.

Tampoco he olvidado sus manos, finas, estrechas, de largos dedos. Eran las manos de una persona extremadamente sensible, como pensábamos entonces, unas manos de artista, unas manos que acariciaban con dulzura y con desesperacion, y ahora me parece que eran deliciosos esos contrastes de humor brusco y silencioso, de tiempo y tiempo sentido cada día desde el caer la tarde hasta las nueve de la noche, cuando contábamos los minutos con las manos en el portal de casa, qué injustos y qué dolorosos son los preceptos de los padres y qué desgarrados eran esos últimos minutos que robábamos como furtivos. No sé qué haré yo cuando Livia y Claudia vuelvan a casa pero lo haré mal, haré todo lo que dañe a su sensibilidad de adolescentes y esperaré a que me quieran después, aunque me reprochen, aunque nos lo reprochemos, aunque haya veces en que se me salten las lágrimas un poquito pensando en Jaime Cerezo y en todos los infelices como nosotros, por los que no podremos sentir otra cosa que compasión.

Recuerdo la ternura de Jaime, aquella manera de estar para mí. ¿Por qué se pierden esas cosas? ¿Por qué nos acompañan siempre cuando ya las hemos perdido, cuando nunca las volveremos a tener? Otras veces pienso que no se pierden sino que están ahí dentro, a la espera de algo que llegará y que sentiremos como el rumor del viento en los nogales, ese ruido de hojas anchas que recogen el aire y la lluvia de manera que los sintamos más largos y más melancólicos pero siempre ahí en medio, unos pasos delante o detrás de nosotros, los árboles siendo y nosotros oyendo, porque el aire y la lluvia son suyos y tú sólo puedes comprender lo que sientes, lo mismo que la ternura se extiende en las ramas pero no alcanza nunca la oscuridad, la tierra negra donde crecen las raíces de los árboles.

El amor está lleno de mierda. También la vida está llena de mierda. No sé por qué cuesta tanto aceptarlo. El amor es sucio. También es hermoso. Lo peor es que la vida sea una mierda sin amor. Entonces lo mejor es morirse. Nadie tiene ganas de morirse. La gente está dispuesta a aguantar una vida de mierda ¿para qué? Ésa es una pregunta más dura que la de Camus –¿te acuerdas de ¿Camus?–: *El hombre nace, vive, muere y no es feliz.* No me gusta hacer cábalas, no me gusta el estilo filosófico, pero me gusta Camus. En esa pregunta hay temperamento, hay nervios y sangre, no es la pregunta de un cabeza-de-huevo. Un cabeza-de-huevo ni sabe que el amor es una mierda ni le importa. Camus sabía que el amor era sucio. Es muy difícil andar con eso a la espalda.

Lo único que importa es cómo se siente. Y lo piensas: ¿qué importa que una esté llena de mierda mientras que sea amor? Pobre Jaime Cerezo, la verdad es que él no lo entendió y yo nunca le olvidaré. Quizá porque yo no quiero que sea eso, quizá porque la belleza no parece sucia. No lo sé, no quiero hacerme más preguntas, no quiero acabar dando vueltas a la cabeza como las que da un perro para sentarse.

¿Qué es lo que quiero entender? Nada. Ésa es la verdad. Nada. Sólo quiero que unas cuantas cosas no sean como son. O salirme de ellas, si se puede, no lo sé. No quiero salirme de ellas; sólo quiero que no me molesten, que no me hagan daño; sólo quiero que vuelvan los tiempos de Jaime Cerezo, que vuelvan pero que se queden ahí, en el armario, en el tocador, en el Metro, en la noche, en la cocina, aquí en la cocina, lo mismo que los cuadros y los bibelots, sólo para verlos, para que estén ahí. Ni siquiera me harían falta para soñar, para imaginar cosas, para tener ganas de volver a vivirlos... no; sólo los quiero ahí, justo aquí, como el paquete de tabaco.

También tendré que dejar de fumar. ¿Cuántas cosas tendré que dejar de hacer? Todas las noches escucho los silbidos de la respiración antes de dormirme. Luego me los encuentro por la mañana al despertarme. El aire, pobre, debe pasar por cavernas terribles hasta salir afuera. ¿Qué pensaría Jaime si le hablase de estas cosas? Pobre Jaime, ¿qué será ahora de él? Es increíble cómo perdemos todo rastro de personas que se quedan enganchadas en nuestros recuerdos lo mismo que el musgo que siempre acaba volviendo a asomar cuando llueve sobre los muros. Creo que me moriría si le encontrase de pronto. Quiero decir que me moriría si tuviera que soportar la visión de Jaime ahora. Imagínate que fuera el vivo retrato de Andrés. Oh, por favor, no hagas bromas, son horribles. Pobre Andrés, también.

El amor está lleno de mierda. Me gusta. La verdad es que me gusta. Esto hubiera horrorizado a Jaime pero me gusta. Y me gusta que sea sucio también. Lo que no soporto es que esté lleno de palabras. Las palabras son como cubitos de hielo. Imagínate que estás desnuda y empieza tu amante a echarte cubitos de hielo por encima del cuerpo, eso no lo soporta nadie, muchos cubitos, una heladera llena. Así son las palabras, bla bla, bla bla, bla bla. Prefiero la ternura de Jaime Cerezo; aunque ahora esté tan lejos de todo lo que tengo, añoro esa ternura, no sé si me importaría olvidarme de joder a cambio de esa ternura, todo menos los cubitos de hielo corriéndote por el cuerpo.

Total, todo acaban siendo ratos; ratos de amor, ratos de distancia, ratos de disputas, ratos de niñas, ratos de trabajo... ratos. Y entre los ratos, angustias, tirones, saltos. Cuando jugaba con mis muñecas todo era continuo, no había ratos, todo era como un camino, como una música, un desarrollo que tiene principio y final y que lo cubre todo, una luz que permanece encendida ordenando la claridad y las sombras, o el paso del día por un jardín como el de la casa de papá en el verano. ¿Te acuerdas? ¿Te acuerdas el viejo taxi con trasportines que nos llevaba a la casa para empezar el verano? Parábamos a comer en Burgos, en un restaurante donde debíamos portarnos como señoritas y donde cada año nos recibían, después de un aviso telefónico el día antes de la partida, con la comida ya preparada para los niños y donde sólo elegían plato los mayores; y los chóferes de los dos taxis comían en una mesa aparte, junto a la entrada, y se iban de cuando en cuando a la cocina; de eso me acuerdo porque mamá decía de vez en cuando a mi padre: «Antonio, mira que no les sirvan vino a escondidas, que tienen una responsabilidad.» Oh, mamá. Yo adoraba a los chóferes.

La cosa consiste en que cuando no tienes nada todo es un problema. Porque todos esos desgraciados eran un problema hasta que se volvieron mendigos y empezaron a arrastrarse lejos de nosotros, de la gente; yo soy un mendigo y usted es la gente, te dicen cuando los miras. Luego tú te vas a tu casa, a la cama y ellos se van a buscar los colchones, las mantas, los cartones y la botella. Eso sucedía en el subterráneo y yo ya no estoy en el subterráneo. Esos podridos mendigos son como alimañas, pueden llenar de mugre todo lo que tocan, no entienden, no piensan, sólo se te agarran de los faldones y te fagocitan, qué escalofrío, pensar que he estado ahí sentado entre ellos, que bien podía haberme quedado dormido y desaparecer para siempre, perdido entre los pliegues de las mantas, bajo los periódicos, bajo los cartones, esa suciedad pantanosa, esas capas de pingajos amontonados bajo los que rebullen y se pasan el culo de un chico entrompado con whisky y canela y desnudo como una lombriz. Roña y pringue y cochambre e inmundicia. Qué espanto. Menos mal que salí corriendo. Todos se juntan. Una gente en los bares y otra en los subterráneos, pero todos se juntan. Los tarados se juntan, los perdidos se juntan, los alcohólicos se juntan... No van a dejar de ser lo que son, sólo se juntan, ¿te das cuenta?, se juntan. *Un banquero falsea su balance/¿Con qué cara llorar en el teatro?*

Pero yo ¿qué tengo? ¿Tanto tengo? Oh, no me refiero a mi capacidad poética, ni al modesto apartamento, ni a las mil maneras de ganar dinero camino de la pobreza. Reconozco, sí por cierto, que en términos generales todo eso es una propiedad mejor que la gallofa y los harapos que se consiguen ellos. Pero ¿qué otra cosa tengo? Nada. A partir de ahí somos iguales, formidablemente iguales. Y yo me pregunto qué sentido tiene buscar unas clases en Alemania si al final acabaré siendo un viejo avaro obsesionado con la idea de que nadie me guinde el tabaco, esa clase de ideas fijas que se tienen cuando te falla la cabeza. Mejor es acabar tarumba como un mendigo de ésos, porque no te enteras más que de lo que te interesa y todo lo demás se puede ir al diablo.

El mundo se ha vuelto como la tierra oscura. ¿Quién ha visto plantar un árbol alguna vez, un árbol joven? Lo primero que se hace es cavar un buen hoyo, un agujero ancho y profundo para airear la tierra; luego se hace un fondo de guijarros y se añade arena para el drenaje y después se mezcla tierra nueva con la antigua hasta hacer una base sobre la cual colocar el cepellón. Entonces, con un par de golpes secos, extraes el cepellón del tiesto donde viene y lo instalas en medio del agujero hasta que quede bien recto. Luego rellenas de tierra todo alrededor, apisonas bien y haces un alcorque. Y ya está, echas una buena regadera encima para que empape bien y listo. Lo recoges todo y te metes en casa a tomarte una cerveza. Pero yo una noche volví a salir al huerto a echar un ojo a un arbusto que acabábamos de plantar. Mi padre tenía en la parte de atrás de la casa un pequeño huerto que iba desde la trasera hasta el portalón que daba a las eras. Habíamos traído un endrino joven y esa misma tarde lo plantamos. Yo salí después de cenar para echar un vistazo. El huerto estaba como la boca del lobo. Cerca de donde dejamos el endrino había una pileta de piedra llena de agua, musgo y plantas sumergidas donde crecían toda clase de bichos repelentes. Me llegué hasta el endrino y lo alumbré con la linterna. Entonces empecé a recordar las raíces tiernas que asomaban por el cepellón y me las imaginé esa primera noche, dentro del hoyo de tierra lucífuga, moviéndose y tanteando entre las humedades y la oscuridad donde aguardaban los mismos bichos repelentes que habitaban la tierra de alrededor de la pileta, donde llegarían quizá las raíces de la higuera o de las grosellas que se alineaban cerca; y me produjo un sentimiento de angustia y de soledad tan intensos que se me vino toda la cena a la boca y luego me costó un horror dormirme, siempre pensando en el cuerpo de raíces abandonadas en aquella oscuridad desconocida en la profundidad de la tierra. Yo creo que desde entonces tengo terror a la tierra húmeda y profunda, porque allí se alimenta la materia podrida.

Así que el mundo está como la tierra oscura, exactamente. No sé si aún vivirá el endrino, porque esa casa ya se vendió, pero sobrevivió a la noche, lo que no me ocurrió a mí. Otras veces he soñado que me metían en tierra a pesar de mis gritos y cuando lo tapaban todo me quedaba allí dentro, extendiendo las manos poco a poco y empezando a rascar para salir y recuerdo la presión y el tacto de la tierra, un tacto legamoso pero más compacto, y el miedo al avanzar las puntas de los dedos; porque yo no veía nada, sólo sentía y pensaba que a través de la tierra cientos de animalillos ciegos avanzaban hacia mí para instalarse dentro de mí e ir viviendo de mí y entonces me despierto con todo el cuerpo bañado de sudor.

¡Brrr! Abre la botella y atízate un buen trago. Entre el sueño y la humedad que se me ha metido en el cuerpo, yo creo que cuando estaba en el subterráneo, hay que reaccionar antes de convertirse en un escalofrío. Este lingotazo ha sido bueno. Ésta, como antigua botella que es, no tiene esos tapones modernos de ahora sino el gollete desnudo... ¿Y mi vaso? ¿Dónde he puesto yo mi vaso? Un vaso del *Union* y me lo he debido dejar por ahí, sabe Dios dónde, qué mala suerte.

A lo mejor está aquí al lado, o aquí debajo, tengo que buscarlo.

¿Te has dado cuenta, muchacho, de que estás sentado en un banco? Un auténtico banco madrileño de madera humedecida por la lluvia de hace un rato. Esta noche tu destino es la mendicidad y mañana la gente que va a trabajar en cuanto abren el Metro te mirará dormir aquí como un vagabundo, pensando que eres un borracho de vino. Ah, no, de vino no. Verán la botella de whisky, me verán abrazado a la botella de whisky y pensarán que siempre es mejor su perra vida de esclavos que acabar como ese tipo del banco, abrazado a una botella de un excelente *scotch*.

Es un asunto para un poema. Un poema que no leería nadie de los que mañana salgan por esa boca de Metro, ni nadie de ninguna parte del mundo porque la poesía es el arte más desgraciado en esta tierra oscura en que se ha convertido el mundo. De manera que ahora ya sólo quiero escribir una cosa, una sola cosa y después... después el descanso por toda la eternidad. ¿Quién quiere extenuarse hoy en día tanteando aproximaciones a esa cosa? Eso no merece la pena, es una labor de renuncia, es como ir a beber todos los días al mismo pilón. Lo mío es una apuesta de verdad, es Todo o Nada, es Ambición. ¿Quién sabe lo que vale el silencio? ¿Quién sabe lo que cuesta el silencio? El silencio es la dignidad.

Y ahora brindemos y preparémonos para abandonar este banco. Tampoco dormiré aquí. Tampoco me verán mañana los usuarios del Metro. Aquí hay una humedad salvaje que se me ha metido por el culo y ya no sé si voy a poder echarla. Maldita lluvia, ¿qué hago yo aquí en un banco a estas horas de la noche, sin venir a cuento, sin... ya ni me acuerdo sin qué, he perdido el vaso y estaba en el *Union Bar* tan tranquilo... Pero estaba mirando a la mendiga. ¡La mendiga! Tengo que saber por qué una chica joven se mete a mendiga, toda la jodida tarde dándole vueltas hasta que se fue. Es inútil, ya no la encontraré en ninguna parte, se ha esfumado.

¿Estás seguro de que viste a la mendiga? Pero yo juraría que sí, no puedo recordar a alguien con tanto detalle si no lo he visto antes.

Qué confusión. Voy a tener que aclararme las ideas. Es de madrugada. Llevo mucho tiempo solo. Voy a seguir esta acera, recta como un poema. Voy a llegar hasta arriba, hasta la bifurcación, entonces decidiré, con la cabeza despejada. Vamos allá.

Ah, ahora lo recuerdo. Yo salí del *Union* para buscar a Amanda. Estábamos citados en el *Sandor*. Buena la he hecho. Tendría que haberme asegurado bien de la cita. Yo creo que quedé en que me dejaría caer por allí. De todos modos no voy a hacerlo ahora, sería un escándalo, es tardísimo. Se habrá ido con otro, con ese... Palacio. Quizá le haya llamado al ver que yo no llegaba. O quizá le haya llamado antes que a mí. Es una mujer de la que uno nunca puede estar seguro, siempre pone algo de intranquilidad en tu vida. Le tengo afecto, la verdad es que me hubiera gustado verla. Probablemente me llamó a mí el primero de todos, al fin y al cabo es un reconocimiento histórico. Luego puede que se haya ido con Palacio, no lo niego. Esa gente casada e instalada es la peor, es la más sucia a la hora de poner los cuernos porque mienten de una manera ofensiva. Si yo fuera su mujer le habría mandado al infierno. Pero el tipo trae el dinerito a casa y... cómo decirte: En esta vida, lo que no sufres por un lado lo sufres por el otro. Mejor. Pero creo que Amanda habrá sido una estúpida si ha llamado a ése: porque se puede ser frívola pero no obtusa. No sé si acercarme al *Sandor*, a ver qué hay.

Él pensaba: –Algo anda mal. No veía por dónde pero algo andaba mal. ¿Dónde estaba ella? Ésa era la primera pregunta. En realidad era: ¿Dónde está ella *ahora?* Sólo confiaba en que no hubiese hablado a nadie del lugar.

Él pensaba: –Lo peor es que no consigo explicarme nada. No conseguía encajar ninguna de las pocas piezas que estaban en su mano. También tendría que ser más preciso: No lograba siquiera imaginar el dibujo del puzzle con la única pieza que tenía en la mano: La ausencia. Pero sospechaba que tenía que darse prisa en entenderlo. Había algo flotando en el aire, el sonido lejano de una amenaza, como el trueno que se escucha al otro lado de la sierra, por delante de la tormenta, rondando la casa. Pero tenía otra pieza, verdaderamente inquietante: Las palabras del carnicero. El carnicero le había entregado esa mañana la factura pendiente que había dejado una mujer que bajó de la casa al pueblo para hacer la compra. La descripción no daba lugar a equívocos: Pelirroja, melena larga rizada, dientes grandes, ojos color de miel. Supongo que se fijó en otras cosas pero prefería sacarle sólo éstas. Tuvo que aceptar que ella había venido y que había bajado a hacer una compra en la carnicería. Siguiente pregunta: ¿Sólo en la carnicería? El desconcierto le ayudó a no preguntar en otras tiendas pero pasó por alguna. Nadie más le reclamó ninguna factura; o bien ella pagó el resto de las compras porque no podía dejar una cuenta pendiente a su nombre; era una desconocida.

Él pensaba: –Ahora bien: ¿Por qué demonios rompe el pacto y baja? Era ella la que indicó que la clave residía en no ser vista. Realmente era un asombroso caso de inconsciencia. Después: ¿Por qué quiere pasar inadvertida? Porque la buscan. Él necesitaba que ella pasase inadvertida porque le parecía innecesaria su presencia en el pueblo, en un pueblo donde los conocían, a él y a su familia, perfectamente.

Él pensaba: –Recapacitemos. Ella me telefonea. Nos vemos. Necesita esconderse porque la están buscando. Alto ahí.

Él pensaba: –¿Quién la está buscando? Quería olvidar cualquier extremismo, cualquier recuerdo de sus antiguas actividades. ¿Por qué volvía a su cabeza, continuamente, el radicalismo de ella durante los tiempos de la Dictadura? Quizá temía que estuviese en la cobertura del único extremismo activo: El de los vascos. ¿Por qué no? –se preguntaba–. Ella nunca pertenecería a ninguna camada negra pero... ¿por qué no a ETA? Si era así, la policía tendría localizada su casa. ¡Maldito asunto! No iba a asustarle, era difícil asustarse después de tantos años, pero lo que quedaría al descubierto sería su aventura. Lo que quedaría al descubierto sería su formidable estupidez y una situación grotesca.

Él pensaba: –¿Qué ha ocurrido para que yo esté pensando esto? Luego pensó que estaba viejo y luego que no lo estaba sino que ella era vieja, horriblemente vieja, y que traía consigo un mundo sepultado del que él no quería saber nada.

Él pensaba: –Sólo hay un punto desconcertante: ¿Por qué se deja ver? Puedo entender que desaparezca o incluso que no venga y no sepa cómo avisarme. Pero incumplir las normas... dejarse ver... Es incomprensible. Luego entendió que seguía pensando en los viejos términos de acción y se llenó de tristeza porque no podía desprenderse de eso. Pero siguió pensando: –Ella no actuaría así, es incomprensible; es incomprensible... Una luz centelleó: Salvo que se trate de un aviso.

Él pensó: –¡Oh, Dios mío! Puede ser una advertencia y no un disparate. No entiendo el mensaje pero no importa. Al menos ahora tenía dos opciones; la primera, aceptar que ella cometió una estupidez, que su frivolidad había ido en aumento; la segunda, que ella aún era alguien capaz de hacer cosas, que seguía siendo buena, muy buena.

Él pensó: –Prefiero pensar en el segundo caso. Veamos. Es un mensaje aparentemente incomprensible. Sin embargo, en lo incomprensible ha de estar su sentido. Por lo menos su actitud quiere decir que no consideraba conveniente dejar una nota escrita. Si eso era así, quiere decir que ella temía que alguien pudiera encontrarla antes que yo; y si eso es así y no ha entrado nadie después en esta casa, como parece, alguien va a venir pronto o tarde, quizá ella misma... ¿Debo seguir aquí? En principio es lo más lógico. ¡El teléfono! Ése es su medio para comunicarse conmigo. Tenía que quedarse. Era la única posibilidad de completar el mensaje.

Él pensó: –También puede volver. Tiene las llaves. La pregunta es: ¿Llegó a entrar en la casa? ¿Llegó a dormir en ella alguna noche? No hay señales de uso de la cocina ni de las camas. No sé qué pensar. Quizá estuviera tan sólo unas horas. Sí, pero en esas horas tuvo tiempo de dejar pistas. Otra vez el absurdo. ¿Cómo va a venir unas horas a dejar un aviso y luego no levantar ni la colcha de la cama o beber al menos un vaso de agua?

Él pensó: –¿Cómo estaba la casa? ¿Apagada? ¡Encendida! La casa no: La nevera. Oh, Dios mío, vamos a ver.

Hielos. Carne. Huevos (compró huevos; debió pagarlos con dinero). Agua mineral (lo mismo). Ha estado aquí.

Él piensa: –Quien está fuera de sus casillas soy yo. Acabo de darme cuenta de que no he hecho la compra. Parece que la revelación del carnicero me dejó la mente en blanco. Es igual. Puedo aguantar con esto hasta que llame.

Él piensa: –Puedo bajar al pueblo. Puedo dejar descolgado el teléfono mientras tanto. No. Eso le haría entrar en sospechas. ¿Por qué? Supongamos que cuelga y vuelve a llamar más tarde: No tiene que identificarse, sólo escuchar mi voz. No. No saldré. Quizá no tenga dos oportunidades de llamarme. De hecho puede haber llamado mientras estaba en el pueblo. ¿Por qué no miraría la nevera? Es igual, tampoco hubiera resuelto nada. Peor: Me hubiera confiado y aún estaría aquí, sin haber hablado con el carnicero. Veamos: ¿Puedo llamar yo a alguna parte?

Él piensa: –No. No puedo. Nadie va a tomarse en serio esta historia. A mí también me resultaría muy cruda de tragar. Vamos a suponer que estoy en un compás de espera y voy a preparar un whisky. Hay hielos; será una manera de recordarla. Hay agua mineral. Doble recuerdo. Ella bebía whisky con agua fría, sin hielo.

Él piensa: –El problema es la espera. Ahora empieza a reconocer que le interesa el asunto. Lo que no le interesa es estar dando vueltas por la casa esperando a que suceda algo. Quizá no suceda nada y se quede solo en compañía de un buen insomnio. Quizá tenga que estar aquí todos estos días y nunca más vuelva a saber de ella. ¿Estará de verdad mezclada con terroristas? No puede creerlo. No podía creer otras cosas y las ha visto. La bomba en la cafetería *Rolando*, por ejemplo; todos decían: Una maniobra de la Derecha para provocar el caos, lo recuerda muy bien. Luego tuvimos –recuerda– que agachar las orejas y reconocer que alguien había cometido un disparate, que hay iluminados en todas partes, que matar sólo sirve para matar. En fin, eran otros tiempos. Ahora tenía que empezar a aceptar la posibilidad de que ella fuera uno de esos pobres diablos que aún viven de lo que ya ha muerto, incluyendo a toda aquella gente que saltó por los aires en la cafetería *Rolando*.

Él piensa: –Olvídalo. Olvida ese asunto. Atiende a lo que

tienes delante de las narices. Deja de mirar por la ventana y empieza a entender lo que hay ahí afuera.

Hace más de una hora que el Citroën plateado está detenido en el cruce. Lo ve cada vez que pasa del salón a la cocina. No sabe si debería salir a dar una vuelta. La casa de los Álvarez está deshabitada (salvo que él también esté esperándola a ella, ja, ja). Cree que dentro del coche hay un tipo sentado al volante. Pueden ser dos. Sabe que le está mirando, que está aquí por él. También tiene la seguridad, no sabe por qué, de que no es un coche de policía camuflado. ¿Por qué iba a serlo? Hace tiempo que se está negando a entender lo que está ocurriendo, lo que hace ahí ese coche, en fin, a qué se dedica ella, con qué juega, con qué trafica. −Oh, Dios mío −piensa−. No lo puedo creer. También debería estar asombrado pero no lo está. Quizá sólo sea porque hace ya un rato que ha entendido el mensaje de ella, de la ausencia de ella: «Huye inmediatamente.»

Pero a veces sí me acuerdo de Elita. También de Oscar. Pero es a veces. También en la casa, bajo la puerta que daba al patio, había una hendija irregular por donde llegaban a entrar las lauchas, de manera que hubo que traer un gato, y yo pensaba siempre antes de irme a dormir que todos los animales que andaban por el patio esperaban ese momento en que se apaga la luz para invadir la cocina, como en el cuento de los muñecos que se animaban por la noche y lo revolvían todo y justo antes del amanecer volvían a los lugares donde los guardaban los chicos. Y así es como pasa con la memoria. Hay cosas que uno sella pero se quedan ahí nomás. Unas veces no salen nunca pero siguen actuando; siguen actuando y uno no lo sabe y eso es tan terrible que me da un miedo invencible, porque es como si algo de ti mismo estuviera adentro para mandarte órdenes como se le mandan a un muñeco mecánico. Otras veces salen, se aparecen como las lauchas bajo la puerta y tú las ves adentro del cuarto que es tu cabeza. Entonces tengo que abandonar la soledad y ver cómo las espanto antes de que entren y lo revuelvan todo buscando comida, porque se alimentan de uno, del miedo de uno y de la angustia que te agarra porque no sabés adónde van a correr, pero en cuanto corren ya no hay quien las saque afuera; nomás que las eches el gato, o las envenenes o que se vayan solas, cuando ellas quieren. Yo ya conozco a varias de ellas pero el terror viene de las que no conozco, de las que nunca he visto husmeando bajo la hendija para saber qué dirección van a tomar; las que yo no sé que están pero están todas las noches sin falta, actuando mientras me duermo porque sé que no están. Entonces pensarlo es como tener miedo de lo que no ves. No hay un miedo peor que ése.

Pero hay que sobrevivir. Yo no sé para qué pero lo que pasa es que no puedo hacer otra cosa, yo no quiero morirme ni dejarme matar, pero no sé por qué no quiero. Y entonces es cuando entran por las hendijas de la memoria esos recuerdos: Elita, las voces del pantano...

Qué curioso las decisiones que uno toma de chico. Una vez corrió el cuento de que en el pantano se escuchaban voces al caer de la tarde. El pantano era una hondonada húmeda bajo la cual debían de correr aguas que iban al río y donde a veces uno llegaba a hundirse hasta media pierna de repente, porque estaba cubierto de pasto y más bien parecía una pradera que se adentrase en el matorral con los árboles al fondo. Los chicos nos emocionamos con la noticia de las voces; lo comentábamos a toda hora y a menudo nos acercábamos a contemplarlo, el pantano, y hasta nos adentrábamos en él pero nunca después del atardecer. Sin embargo la curiosidad era tan grande que sabíamos que pronto íbamos a hacer algo más que mirarlo y recorrerlo a la luz del día, sólo hasta la primera línea del matorral.

Oscar y yo éramos ya entonces de lo más amigos y por eso fue que me dijo si quería acompañarlo al pantano a la caída de la tarde. Yo tenía miedo, soy un tipo miedoso; no soy cobarde pero soy miedoso, de manera que sufro más al pensar las cosas que al hacerlas y cuando pensé lo que haría si escuchábamos las voces en la oscuridad y con el pasto cediendo bajo nuestros pies me agarró una angustia aquí, en el estómago, como siempre que tengo que entrarle a algo que me saca de mi lugar, que no pude comer en todo el día. Pero yo no podía dejar a Oscar, porque él decía que, si no, iría solo pero yo sabía que iría sólo porque me lo había dicho y ya no podía echarse atrás y yo también sentí su miedo, además del mío, y me resolví a ir con él, porque al final siempre acabo yendo en estos casos, tampoco sé por qué pero lo siento como un mandato propio, como si tuviera que hacerlo para seguir viviendo.

Total, que fuimos. Oscar no lo dijo a nadie más del grupo, porque quería que fuese un asunto entre nosotros dos. Para mí que era como sellar un pacto de sangre, sólo que entonces no alcancé a entenderlo, bueno, quiero decir, cuando íbamos camino del pantano sin testigos y yo pensaba que no nos creerían y que además si nos pasaba algo no iban a saber adónde buscarnos.

Recuerdo que la oscuridad cayó de pronto, de una vez, cuando nos habíamos adentrado en los matorrales, parecía como esas películas de miedo en que se le cierra a uno la puerta a las espaldas, sólo que ésta era una puerta de sombras, por decirlo así, y nosotros continuamos avanzando. Yo no quería mirar atrás porque intuía que sólo adelante estaba la única dirección en la que moverse; de pronto me detuve, eso lo recuerdo *tan* bien, y miré a mi espalda; yo creo que es el gesto más valiente que he tenido en mi vida, y vi que la puerta de sombras había desaparecido y que sólo estaba la noche y entonces sentí que la noche estaba abierta y que no nos sucedería nada malo pero que la maldad estaba ahí al lado. Entonces me di vuelta y vi que había perdido a Oscar, que él no se había dado cuenta que yo me detenía a mirar. Yo veía las masas oscuras de los matorrales y de los árboles y había un poco de claridad, así que avancé por donde yo recordaba que iba caminando Oscar y lo llamé en seguida: «Oscar... Oscar...» a media voz. Yo pensaba que él también se daría cuenta que yo no lo seguía así que no quería avanzar mucho por si tomaba una dirección contraria a la de él. Ya no había sombras sino volúmenes y tenía tanto miedo que estaba seguro de que podría volver solo si no hallaba a Oscar; lo que pasa es que yo no quería dejarlo solo a él porque quizá caminaba con las espaldas encogidas pensando en la puerta de sombras. Así que seguí, avanzando de a poco y diciendo de vez en cuando, siempre a media voz: «Oscar... Oscar...» Hasta que llegué a un punto en el que no avancé más, no por el miedo, sino porque sabía que si ya no había dado con él no daría más y si lo sobrepasaba yo perdía todas mis referencias para volver.

Recuerdo que pensé si no era un cobarde por quedarme allí. Entonces me volvió el miedo, lo mismo que un golpe de fiebre, y empecé a temblar. Allí yo ya era más valiente que todos los demás menos Oscar y luego siempre podía decir que lo anduve buscando hasta que me perdí y logré encontrar la salida. Pero no lo hice. Sé que me quedé allí, cagado de miedo, por no ser un cobarde. Lo supe más tarde, cuando los milicos nos llevaron a Oscar y a mí y yo iba esposado a su lado, sintiendo su pierna contra la mía; luego ya no lo volví a ver; él desapareció. Siempre estuvo un paso más allá que yo, lo mismo que en el pantano. Pero a lo que iba es a que me quedé, aguantando la noche y tiritando, escuchando los ruidos. A veces, cuando no podía más de los ruidos empezaba otra vez a decir, a media voz: «Oscar... Oscar...» Yo sabía que no podía seguir pero aguantarme allí era también una manera de estar con él, de no ser un cobarde, y me dije que aguantaría hasta el alba, aunque a lo mejor mis viejos ya me estaban buscando y yo pensaba que ojalá alguien les hubiera largado dónde estábamos para que viniesen a buscarnos. Y volvía a llamarlo: «Oscar... Oscar...»

De repente apareció a mi lado: «¿Qué pasó, te cagaste?» «No» –le dije yo– «te perdí»; no me atrevía a seguir. Entonces se juntó conmigo, las manos en los bolsillos, y dijo. «Hay una humedad terrible allá adentro, donde los árboles.» Y yo dije: «¿Las escuchaste? ¿las voces?» Y él dijo: «No. Han de estar más adentro. O a lo mejor se escondieron al oírnos.» Estábamos indecisos, mientras nos entraba bajo la ropa un frío húmedo, de esos que se te quedan en los huesos. «Entonces mejor nos volvemos» –dije yo–. «Total no van a salir hasta que nos marchemos.» «Tá bien» –dijo él–. «Vamos.» Y nos regresamos caminando codo con codo, sin decir palabra hasta que llegamos a la linde de la pradera. Y de pronto Oscar sacó las manos de los bolsillos y dio unos saltos y dijo: «Los asustamos, ¿viste que los asustamos?» Y yo me reí tan feliz, y él también, mientras los dos echábamos a correr gritando: «¡Los asustamos! ¡Los asustamos!»

Andrés está furioso porque no he querido irme a Bruselas. «No eres consciente», dice. Supone que me espera un porvenir de oro. No creo que esté deseando deshacerse de mí, pobre, menuda papeleta es la de quedarse aquí con las niñas. ¿Cómo me voy a ir? Pero quiere que esté fuera una temporada, eso me parece que lo hemos entendido todos. El tiempo le está haciendo daño, como a mí, qué mal se soporta. Esta vez no es ninguna mujer, ni siquiera la gilipollas de Amanda. Bueno, no sé si habrá alguien por medio, pero no es por eso; si la hay, además, me da igual, me aburre. Sólo quiere no encontrarme en casa todos los días, le hace daño. Cada vez que empieza con la cantinela del consciente («Ese trabajo es fundamental para ti, no eres consciente») me entran ganas de reírme. No soy consciente. Yo. A mí, ser consciente sólo me ha servido para convertirme en una desgraciada.

Porque a todo el mundo le suceden desgracias en esta vida, pero si no es consciente las acepta como un animal, aguanta hasta que pasan, y luego ya puede volver a menear el rabo y comer a sus horas de la comida que le dan, siempre esperando caricias que al final llegan, aunque sea al descuido, y toda su responsabilidad en la vida se limita a estar, sólo a estar, a que te cuiden y te maltraten pero te resuelvan la vida. Después de todo..., ¿has conseguido algo mejor que eso tratando de ser consciente, de entender lo que te pasa, de probar a arreglar lo que te pasa? No. O sí. Has conseguido sufrir más, angustiarte más, darle vueltas como persona a algo que sabes soportar perfectamente como animal. Ésa es la verdad. «Pero la lucidez...» –dice Andrés–. «Saber cómo somos, a qué respondemos...» Anda y que le den por el culo. Bastante tengo con sufrirlo para saber encima hasta qué punto me hace mal, para que me doble el daño; porque, además, soy consciente. ¿Cuándo me dejé engañar?

Y ahora va y llega mi oportunidad. Una mujer libre, competente, funcionario de la Comunidad Europea... Ahora. Qué cruel es la vida, realmente.

No voy a echarle la culpa a Amanda, entre otras cosas porque soy consciente, mira qué gracia. Pero estoy segura de que si no se hubiese metido en nuestra vida, si no se hubiese llevado a Andrés, hoy estaríamos casados de otra manera, o no estaríamos casados, en todo caso yo no habría entrado en esa manía de pensar que pronto o tarde volvería conmigo, que el amor triunfa sobre todas las adversidades, que sólo el coraje se merece el amor. ¿Qué tendrán que ver los sentimientos con la ceguera? ¿Qué necesidad tenemos de andar poniendo altares a todo lo que necesitamos? Si necesitas algo lo tomas o lo dejas. ¿Por qué esperas? ¿Por qué sabes que hay que tomar y dejar y no lo haces? ¿Por qué tienes este miedo horrible a hacer las cosas bien? Éramos personas que sabían lo que querían pedirle al mundo. ¿Qué ha pasado con nosotros? ¿Por qué nos hemos convertido en unos pobres diablos? ¿Por qué no me largo a Bruselas y lo mando todo a la mierda? Porque no puedo. ¿Por qué? Porque no puedo.

Vamos por otro té. Tengo ganas de echarme a dormir, pero he puesto la noche en marcha y ahora hay que dejar que se pare sola. Siempre me enredo sola, siempre abro la puerta antes de preguntar quién es. Además, no tengo ganas de echarme a dormir, no tengo ninguna, sólo me gustaría.

Bueno, no te vas a quejar. ¿Qué pasa esta noche para que te pongas así? A lo mejor es el recuerdo de Jaime Cerezo. Siempre que me acuerdo de él me pasa esto. O al revés; a lo mejor es que me acuerdo de nosostros cuando me pongo así.

Es curioso cómo ves las cosas a través del tiempo. A Luis García le conocí en la Facultad al mismo tiempo que a Andrés. Es como una historia de folletín: Andrés sólo tenía ojos para mí y yo sólo tenía ojos para Luis. No sé por qué he tenido siempre una cierta debilidad por los hombres que tienen aspecto de desprotegidos. Andrés era entonces un chuleta, un castigador y Luis, en cambio, iba tras él como si fuera su sombra. Y a mí me gustó su sombra, no podía fallar. Era callado pero gracioso; hablaba poco, hablaba mucho menos que Andrés, vamos; pero tenía gracia, tenía una mezcla de seriedad y gracia que me gustaba mucho, y un aire de cercanía muy especial, como si se dejara acariciar cuando estaba contigo, un aire un poco mágico; por eso, aunque era callado, era acogedor pasear con él. Al final, como todos los desprotegidos, hablaba muchísimo pero conmigo, a dos, lo mismo que hablaría con Andrés, supongo. En fin, salía más con él que con Andrés y Andrés estaba que fumaba en pipa. ¿De qué hablarían entre ellos cuando saliera yo en la conversación? Bueno, los encandilé a los dos pero a mí me gustaba Luis y me quedé con Luis. Andrés siempre anduvo cerca, titubeando, digno, sarcástico, más o menos alejado, pero cerca y chuleta, eso no le faltó nunca; quizá ahora le falte, aunque tampoco parece que lo necesite para nada, siempre cansado, siempre muerto. Es curioso, sí, qué diferencia entre aquel Andrés y éste, tan desprotegido ahora... no, tan despojado, alguien le ha quitado algo, no yo, desde luego, probablemente la experiencia con esa mala puta, qué tía más gilipollas.

No sé dónde habrá acabado Luis, supongo que como Andrés, vida de oficina y trabajo de familia. No me olvidaré nunca de lo bestia que era, es mi ojo fantástico para los desprotegidos. Si mi madre hubiera visto los moretones que me hacía en el cuerpo me hubiese metido en la cama con alguno de los chóferes de los taxis con trasportines antes que aceptar eso. Pero a mí no me importaba. No lo entiendo muy bien. No me gustaba pero no me importaba. Sencillamente era así, jodíamos así. Es como cuando te dan por el culo, que es la obsesión de todos los hombres: No te importa pero no sientes nada. Bueno, en el caso de Luis, dolor, claro. Y yo le dejaba hacer pero era mucho mejor lo otro. A lo mejor es que no soy masoquista y me estoy perdiendo algo genial, pero era incapaz de sentir placer con los golpes, los mordiscos, los pellizcos..., todo lo que a él le excitaba de ese modo tan tremendo. Las personas desprotegidas o bien te utilizan como un cobaya o bien te dan unas somantas que te dejan molida. He de reconocer que en eso prefiero a Andrés; no sé qué haría con la mala puta esa o si se curaría con ella de todas esas desviaciones de pajilleros, pero yo nunca he jodido con nadie tan bien como con él, incluso ahora, que está tratando de mandarme a Bruselas.

Lo que siento es tristeza por Livia y Claudia. Esto no tiene pinta de cambiar nada, así que se encontrarán con sus Jaimes, sus Luises, sus Andreses... De vez en cuando se echarán un polvo desconsolado y otras se correrán la gran juerga, esas noches de no-se-sabe-qué que acumulas en la vida... Me acuerdo de aquella vez que yo estaba flotando en una cala de Menorca, en cueros vivos encima de una colchoneta de goma, con los ojos cerrados, al sol, en un estado de felicidad total, debajo el mar meciéndome, sobre el cuerpo una brisa de caricia, y en éstas doy con el costado de un velero; alcé el brazo para separarme... y ya sólo me acuerdo del hombre a contraluz, un tío cañón que me cogió del brazo y yo gateé sin rechistar agarrándome a él y allí se perdió la colchoneta de goma, no volví a verla en mi vida ni me acuerdo de más. Es decir, me acuerdo con todo detalle de un revolcón que duró hasta la mañana siguiente, que me volví a echar al agua como una gilipollas para no dejar solo al otro, al que tenía en la habitación del hotel, un submarinista neurótico que casi me clava el arpón cuando me presenté a buscarle. Lo que es la costumbre: Si llego a tener mis cosas en una mochila allí en la playa habría seguido en el velero hasta que el cañón me desembarcase donde quisiera. ¿No era eso lo que quería?. Pero ésas son las cosas que nunca hacemos. Yo creo que no las hacemos nunca porque salen así, cuando estás atada por los compromisos más absurdos. Ahora, en cambio, los compromisos me llevarían a Bruselas; los compromisos, la lógica, la sensatez... Que le den por el culo a Bruselas. Ahora no me interesa a mí.

Prefiero estar a mi aire, haciéndome otra tetera, que es buenísimo para la salud, tantos años después de la historia del galán del barco, metida en la cocina. Este final suena un poco fuerte pero no me corto, es la pura verdad aunque no sea la cocina de mi madre. Pero tiene gracia; la única manera de estar tranquila, yo diría que casi a gusto si no fuera porque mañana voy a pagar esta falta de sueño, que es lo malo del desvelo, es en una cocina a las tantas de la madrugada, donde no molestas a nadie ni nadie te molesta a ti, una cocina que es como un reino, porque por lo menos la esclavitud la hemos abolido y las reinas están para mandar y visitar las instalaciones, como yo esta noche, que de algo tiene que valer aquella reeducación progresista a manos de los jóvenes leones de la resistencia antifranquista. Pero me temo que es culpa mía, por fijarme en los desprotegidos. También en eso ha acabado teniendo razón mi madre. «Hija» (¿Te acuerdas?) «es que la verdad es que las niñas siempre elegís al que menos os conviene». No como tú, mamá, porque a ti te convenía todo. Ahí el que eligió mal fue el pobre papá.

O no. Papá era resignado –bueno, es– pero no infeliz. Nunca diría yo que fue infeliz; o que es infeliz; bueno, ahora ya le debe importar todo un comino pero se le ve contento, todo es pequeñito, todo está al alcance, como las migas que recoge con una para echarlas en el cuenco de la otra y luego al plato cada vez que termina de comer. No fue infeliz. La infeliz sería yo si hubiera tenido que soportar a mi madre un día más de lo que la aguanté.

Reacciona. ¿Qué estás diciendo? ¿O es que todavía no has entendido por qué estás en la cocina a estas horas? Sí que lo entiendo. Me vuelvo al barco, en Menorca. A Bruselas que le den bola; y al leño ese que tengo en la cama. Esto es el último desvelo antes de la vejez.

Sin botella y con sangre, esto es sangre, ese cabrón me ha partido la boca. Tienen a los porteros para decir: «Será mejor que se vaya, señor», «está usted molestando, señor, retírese, por favor» y a ese matón para romperte los huesos a la vuelta de la esquina. ¿Quién le pagará este hotel a Amanda? Te traen aquí hasta el jardín y te sacuden entre las plantas, si llega a pasar la policía lo hubieran tenido mal, sacudiendo a un tipo a las puertas del hotel, en la oscuridad de los arbustos mientras el lacayo de arriba sigue abriendo las puertas de los coches. ¿Dónde se habrá caído la botella? Si enciendo el mechero me van a ver aquí entre los arbustos, se deben creer que ya me he ido, pero me da igual, que vuelva si se atreve, porque voy a gritar hasta que se despierte el último cliente, aquí está el mechero. Encima dice el tío que no hay ninguna Amanda, me lo voy a creer yo con la mirada que me echó, ya me estaba expulsando y llamando a los otros sólo con mirarme, ¿pero quién se han creído estos lacayos que son? Ahora veo. Lo que no se ve es la botella, puede haber rodado a cualquier parte. Debería quemarles las plantas. Aquí la tengo. ¡Vaya, esto es suerte! Me largo. Que os den por culo a todos, también a Amanda, aunque ya habrá alguien dedicado a eso allá arriba, ¿cuál de las luces será la suya? Mira,

mira, cuántas luces a estas horas, cómo se lo pasan esos golfos. Ten dinero y cruza la puerta con tu fulana, ésa es la norma de la casa, sí por cierto, pero mi fulana esta noche me ha dejado tirado y yo no tengo dinero, así que me voy a mear encima de estas hermosas plantas ahora mismo y me largo. A lo mejor al Rey de los lectorados le gustaría echarle un tiento a Amanda, ja, ja, está bueno ése, soñando con las braguitas de sus alumnas antes de irse a dormir, menudo cascajo.

Esto es por mis pecados. Yo he pecado mucho y lo he hecho mal, tan mal que ni siquiera he podido escribir sobre ellos. He estado metido en una lucha feroz entre el arrepentimiento y el deseo. Eso ha sido la cosa. Soy un poeta muerto, Amanda me ha engañado, no tendré un duro a la altura del verano y me han partido la boca: No se puede caer más bajo. Dentro de cuatro meses seré uno de esos que están durmiendo en el subterráneo y un día de invierno me moriré de frío en un portal, me moriré de verdad, quiero decir, no como poeta porque de eso estoy tan muerto que me he descompuesto y todo. Ahora, aunque quisiera, no podría pagar ni con la vida el precio de un buen poema.

Es curioso. Hace bastante tiempo, un buen rato, yo estaba aquí al lado, allí, sentado en un banco debajo de los árboles con mi vaso de whisky pensando no sé en qué. ¿En Amanda? Sí, en el *Sandor*, me parece. Y ahora estoy en otro banco debajo de los jardines del *Sandor*. ¿Cuánto tiempo he tardado en hacer este trayecto de cien o doscientos metros como mucho? ¿O trescientos cincuenta? Varias horas. Sí. Así es como me ha ido en la vida normalmente. La única ventaja, si me lo pienso, es que antes tenía un whisky medio aguado y ahora tengo una botella..., no exactamente, *casi* una botella. También como mi vida, sí por cierto; yo sólo obtengo beneficio cuando se trata de ganar algo que contribuya a empujarme hacia el infierno. ¿Y por qué no mandarlo todo al diablo y buscarse una fulana de verdad, una fulana legítima en vez de ese rojizo conejo bien alimentado? Tal y como está la ciudad hay de todo, algo en mis precios también. Lo mismo pesco un buen sida y el horizonte se despeja, eso es digno de un poeta muerto como yo, que ando detrás de un cuerpo en el que meterse a descansar para siempre, en lugar de este que me lleva de aquí para allá y me hace dar estas vueltas para ir de un banco a otro que está a unos trecientos metros de distancia.

Puede que sean cuatrocientos cincuenta metros. En diagonal son unos trescientos o doscientos cincuenta, pero hay que medir por el camino de los peatones, no por la diagonal. ¿Por dónde he venido? Ha sido la vuelta más larga de mi vida.

No entiendo la vida. Creo que la entiendo pero no la entiendo. O quizá sí que la entiendo pero luego hago lo contrario de lo que hay que hacer. Lo hago porque no sé hacer otra cosa, es un error de base, está en lo más hondo, o sea que soy así, no es producto del azar sino de la costumbre. ¿Cómo era el recordatorio de aquel bar? *A los que hicieron el bien, de los que hicimos el mal.* Exactamente. Yo el mal lo he hecho mal, y el bien lo he hecho siempre de manera inadecuada, ésta es la cuestión. Por eso me han partido la boca en más de una ocasión. Podría hacer bien el mal, tiene que ser muy satisfactorio, pero no acabo de afinar, no encuentro la manera. Porque ése es el problema de la Humanidad, el mal, el mal que nos ha hecho hombres. Hombres humanos. Mujeres humanas también, no olvides precisar este punto delante de las mujeres, son muy suspicaces. Claro que ellas no proceden exactamente del mal; del mal sólo procede el hombre, las mujeres proceden de la vida. Éste es un asunto que me parece incuestionable.

«¿Quién como Dios?» gritó el arcángel Gabriel, un sujeto sin ninguna personalidad definida. «¡Yo!», gritaron al unísono los diversos artistas: poetas, narradores, pintores, escultores, dramaturgos, músicos..., en fin, todos menos los directores de cine y de televisión, que nunca han pisado el cielo. «¡Yo!» gritaron en una sola voz con Luzbel. Y fueron arrojados al infierno por el tipo más soberbio e inclemente que ha concebido el hombre a la imagen y semejanza de su origen maligno. ¡Maligno, afirmo! Después, nuestros Padres perdieron el Paraíso de una manera menos heroica, más doméstica, más cercana a una pérdida en la Bolsa que a la muerte de un guerrero. Al menos Eva se quedó con la vida pero, ¿y Adán?

Adán debía ser más o menos como yo. Un pecador, uno de esos tipos que hacen mal el mal, un reflejo menor del Diablo; un gilipollas, como diría mi padre, que era un mercader con muy mala sangre, lo cual le dio una posición en la vida. Ése sí que sabía hacer el mal y el bien. El mal conmigo y el bien con mi hermana. Por eso hoy yo estoy aquí hecho pedazos en un banco público y mi hermana está criando malvas gracias a un cáncer. El mal es lo único que perdura, incluso en unos calzonazos como Adán o yo; es la raíz del género humano. Yo no he pactado con el Diablo. No he querido, ya ves cómo eres un gilipollas. He decidido que no. Creía que eso era un acto de valor pero hace unos años empecé a pensar que no era más que el peso de la Contrarreforma sobre mi alma, tócame un salmo, Jeremías. Los hombres existimos porque existe el Diablo. Los hombres se enfrentan al Mal de la misma manera que los perros hambrientos se devoran entre ellos. ¿Quién entiende ese galimatías? Quizá lo entendiera mi amigo Alberto, pobre; a veces da uno con esa gente graciosa hasta en la desesperación, una especie cada vez menos frecuente. Volvió de Marruecos, de unas vacaciones medio tercermundistas, medio hippies, y cuando el médico le soltó que estaba infectado de cólera, contestó: «¿Qué me dice, que he pillado el cólera? ¡Pues la hemos cagado!» Ja, ja, ja, yo es que me troncho cada vez que me acuerdo.

Ahora está más muerto que Carracuca. Mucho más que yo, claro, ahora está bajo tierra. Ya no conoce ni el bien ni el mal, por eso debe ser el estado perfecto, ahora sí que le debe importar un pito la poesía; no es que fuera poeta, aunque le hubiese gustado, es sencillamente que se ha quitado ese problema de encima en lugar de arrastrarlo como lo arrastro yo: sin un solo verso digno de tal nombre, sin un solo soplo de belleza en un camino abandonado de los pasos de los hombres.

¡Un trago por el Diablo! No creo que esté tratando de aproximármelo, la verdad. Mi alma no vale un duro para él. Lo que es peor: Sabe que valdrá mucho menos dentro de nada, así que ¿para qué hacer una oferta por lo que conseguirá prácticamente regalado? Es un trago generoso, un trago de perdedor. ¡Vaya por el Diablo! Si está por aquí cerca, si ronda por este Hotel... Estaría bien que se me apareciera de pronto. No compartiría esta botella con nadie que se me haya acercado en los últimos cien años. Quizá con alguien del *Union Bar,* no con Gómez, ni con Rio. Gómez es de los que estarán contigo hasta que tengan que venderte. Rio es peligroso; detrás de ese aire de sudaca templado hay un puro y los puros son temibles, los puros son los enemigos del Diablo, de Dios y de sí mismos. Los puros pueden quemar el mundo. Yo creo que me bebería esta botella con Baker y con Parodio, de mala manera, sentados detrás de la barra con las piernas extendidas, cantando una canción de borrachos para llorar a gusto.

Mira la hora. Son las diez de la noche. Mira el coche, que no se ha movido de su lugar. Parece vacío. Nadie ha vuelto a llevárselo. Se pregunta por qué permanece él en la casa con casi todas las luces apagadas. ¿Está esperando que se mueva el coche? ¿Está esperando algún gesto, algún signo, cualquier movimiento? ¿Está esperando que alguien mueva las piezas por él? ¿Quiénes son los de afuera? ¿Quién está, quién estaba en ese coche?

Está esperando, no sabe qué. Sólo esperando. No va a sonar el teléfono. No va a saber nada de ella, ni va a recibir una noticia suya; está tan solo como la luna en el cielo. Tendría que acercarse al automóvil aunque sabe que no hay nadie dentro y volver a la casa más tranquilo. Pero le da miedo hacerlo. Es un miedo que le parece ridículo. ¿Por qué cree que ha habido alguien en ese coche durante todo el día? De pronto el automóvil apareció ahí. Cuanto más trata de convencerse de que es un cazador o un buscador de setas quien lo abandonó ahí, cerca de su casa, más se le cuela adentro la sensación de que no es así, de que está relacionado con la ausencia de ella, que él piensa en el cazador o el buscador de setas para darse valor, para soportar el miedo; que el único problema es que ella ha venido y ha vuelto a irse y le ha dejado a merced de sus perseguidores. ¿Por qué no sale a echar un vistazo al coche? No sabe. Tiene miedo.

Cuarta de Brahms. Carlos Kleiber. La belleza –piensa–, solamente la belleza para una situación como ésa. Quizá la belleza podría desconcertar al tipo del automóvil, a esa gente que la busca a ella, a esa gente que le busca a él, en su casa, por qué. Era una versión muy querida y subió el volumen de la música; después empezó a encender todas las luces de la casa. ¡Arriba el volumen! –pensaba–. Tal vez les ahuyentase. Tal vez les desconcertase esa eclosión de luz y sonido tan entusiasta.

Ha de tomar una determinación. La música y las luces le hacen sentirse bien, dispuesto, vigorizado. Ese allegro moderato está en la misma profundidad de Beethoven –piensa– y si no lo está entonces es Kleiber quien está ahí, tan adentro, pero cómo convertir esto en una decisión, en un arma. ¡Claro que hay que subir el volumen! ¡Que retumben las paredes! ¡Que resuene en todo el valle! Está cogiendo fuerza. Espera unos momentos todavía; espera ese allegro giocoso, entonces decidirá. Deja primero que la belleza se filtre afuera bajo la puerta, que avance y se extienda. Luego, cuando esa especie de simpatía alemana, de festejo humorístico, se manifieste en ese allegro giocoso, decidirá; es el movimiento adecuado.

La casa resplandecía en la noche. Todo su alrededor estaba iluminado por el resplandor que emanaba de las ventanas. Afuera se había despertado el viento, que agitaba las copas de las encinas. Así como se iluminó la casa, la oscuridad del exterior se acentuó aún más y al automóvil pareció que se lo hubieran tragado las sombras. Las nubes cruzaban aprisa y, al fondo, como si el mismo resplandor de la casa lo hubiera llamado, se adivinaba una claridad de luna que acaso abriera si el viento, por fin, desgarraba las nubes.

Ha dejado pasar el momento. La música ha cesado. No va a dar la cara a esa gente. Quien sea. El asunto es salir de la casa. No va a acercarse al coche. Va a moverse él. Va a salir, de noche y a pie, hasta el pueblo. Allí ha de descubrir cómo sigue camino. Ésa era la decisión: Abandonar la casa. La música había actuado como una expansión de ánimo pero cuando terminó, la casa mostró un silencio inhóspito. La casa le mostró a él su propia soledad bajo la luz y el silencio. Entonces decidió que no pasaría allí la noche. Pensó que era mejor escapar y buscar compañía. El pueblo era un lugar donde podía estar tranquilo, seguro, quizá tomar una copa y cenar. Había un pequeño hotel a la entrada, en realidad una residencia donde pasar la noche sintiendo gente cerca, a mano. Tenía que llegar a pie al pueblo, ése era el único problema. Tenía que salir, además, al abrigo de las sombras y escapar por la cañada hasta el camino real. ¿Sería posible hacerlo sin ser visto? Había creído ver uno o dos tipos en el coche, dentro del coche, pero luego desaparecieron. ¿Dónde estarían en este momento?

Él piensa: –Lo más probable es que ronden la casa. Él supone que están esperando a la mujer. La pista de ella se pierde ahí, en esa casa. Si ahora aguardan –piensa él– es que aquí la perdieron y aquí esperan a que vuelva pero no la pudieron seguir. Llegaron tras sus huellas pero ella ya se había ido. O bien se fue para advertirme que estaban tras ella, que pronto o tarde llegarían hasta aquí.

Es evidente que la buscan a ella. Saben que no está. Saben que estoy yo solo. Yo no les intereso. ¿Qué puedo contarles? La cuestión es otra. La cuestión es quiénes son ellos. Ése no es un coche cualquiera pero no es la policía. Lo sé, simplemente. Uno desarrolla el olfato. La cuestión es saber en qué está metida ella. Lo peor es que no puedo llamar a nadie pero tengo que pensar en alguien de confianza que me crea. Eso es difícil. Puedo llamar porque dudo mucho que me hayan pinchado el teléfono, pero, ¿a quién? Puedo llamar a la policía pero no tengo otra excusa que un coche aparentemente vacío ahora que lleva horas delante de mi casa. ¿Vendrían a comprobar eso? Me temo que no, aunque puedo intentarlo, pero la cuestión es que no sé lo que puedo provocar porque no sé qué hay detrás. ¿Y si es la policía? Lo único que deseo es no meter la pata, no dar un paso que me acabe involucrando en algo inesperado. Maldita sea esa estúpida. Odio a todos los activistas del mundo. Con todos sucede lo mismo: Son gente acostumbrada a correr riesgos, a perder los escrúpulos por una causa y a meter en líos a los demás sin que les perturbe la conciencia. ¡Maldita sea! Esa hija de puta me ha vendido y no va a dar señales de vida. Si está viva.

En ese momento el hombre recuerda la angustia de una tarde lejana esperando un golpe de teléfono; una llamada que dice: «Sal como puedas, ve a tal sitio.» Luego recuerda una salida de casa en que el portal y sus inmediaciones son el terror, en que el ruido de un ascensor es el terror, en que la gente, en la calle o en el Metro, le mira y se da cuenta de que está huyendo, de que le andan buscando; por fin logra el contacto y otra vez recomienza; va a una dirección que se supone segura, no puede dormir hasta que el cansancio es más poderoso que su propio miedo. Entonces se pregunta cómo pudo montar la historia para encontrarse con ella esta noche. Cómo pudo hacer semejante chiquillada con cuarenta años sobre sus espaldas. De pronto piensa en su mujer y en sus hijas y no lo puede creer.

Pero es el momento de reaccionar. Lo único que ahora tiene sentido estudiar es la situación. Los de afuera pueden estar esperando a que cierre la noche para entrar en la casa o pueden estar esperando que la mujer reaparezca. En todo caso ellos se han dejado ver y eso quiere decir que no van a permitirle escapar.

Tenía que escapar sin que lo vieran. La cuestión a dilucidar era el número de gente que había fuera: No es lo mismo si se trata de uno que de dos tipos. Era fácil cubrir las salidas de la casa entre dos y él no podía apagar las luces para proteger su huida porque les alertaría de inmediato. Debía escapar, pues, bajo el resplandor de la casa, aprovechando el factor sorpresa.

Había intentado la otra salida: El teléfono. Sin embargo

estaba sin línea. Que lo hubiesen cortado o que se tratase de una avería era el mismo asunto. Todo concluía en la imposibilidad de telefonear a la Guardia Civil. Una llamada a tiempo le hubiera permitido descubrir si los de afuera eran o no policías. Ahora era tarde. Lamentaba sus titubeos y, en el fondo, su debilidad, el origen de toda la indecisión que le tuvo perdiendo el tiempo durante la tarde, esperando una llamada de ella que ya no podía llegar.

Volvió a maldecir a la mujer mientras se servía una copa para darse ánimo. Tendría que intentar la huida antes de que las casas del pueblo cerrasen puertas y ventanas. Tenía una corazonada fuerte y clara sobre el verdadero alcance de las actividades de su amiga.

Continuó maldiciéndola. Recordó su inconsciencia y su frivolidad rencorosamente, pero también esa manera suya tan decidida de entrar en situaciones de riesgo; ahí había algo... no suicida, no, sino duro, ésa es la palabra, había una línea de dureza que aparecía sólo en esos momentos, como una veta de mineral en la roca. Esa dureza era estremecedora y aunque no se mostrase más que segundos podía encogerte el corazón. Era una mezcla tan extraña...

El recuerdo de Elita va a durar, yo sé; puede que vaya a durar tanto como mi propia vida y entonces me alcanzará en el último minuto, lo he ido entendiendo. Lo entendí entonces, la última tarde; en realidad sólo entendí la fuerza de lo que estaba sucediendo, lo que significaba. Luego he ido entendiendo hasta dónde alcanzaba el tiro, hasta que no pueda olvidar y entonces el recuerdo me habrá ganado y yo habré seguido viviendo para nada, para volver viejo y chocho a la cancha de paleta, esta vez a morir, porque no sirvió para nada vivir después de eso.

La verdad que es una historia como esas historias del corazón que leía mi hermana entre suspiros, soñando siempre con el hombre de mundo joven y rico que se enamoraría de ella y la llevaría a Europa después de sufrir mucho por las diferencias sociales, ese triunfo del amor sobre las convenciones que siempre acaba en una promesa de tomar la suite del Plaza Athenée para sellar el triunfo de los sentimientos frente a la realidad, pobrecita, no llegó ni a Mar del Plata y ha debido sufrir lo mismo. En fin, yo ya estaba sabiendo que se estrechaba el cerco, que estaba mi nombre en las listas que circulaban, que iban a venir por mí, la última tarde que fuimos los dos solos a la quinta. Eso lo digo porque los dos sabíamos que era la última aunque de manera diferente; yo tenía el miedo metido como un escalofrío y dudaba si huir o quedarme; ella intuía que me había agarrado algo más poderoso que nosotros dos y no quería perder la partida, yo creo que no quería que la grieta se abriese un centimetro más, lo vio tan claro que todavía me emociona, como el dolor de un niño.

A veces he querido pensar que no se habría dado cuenta de lo que me estaba corriendo por dentro; no ya los avisos, los rumores, las listas que circulaban con la gente a la que detendrían en cuanto saltara el Golpe; que no se habría dado cuenta de que sus papás estaban del otro lado de mi quebradura y la de mis amigos y la de mi gente; yo no sé si ella sabía que la quebradura resultaría ser tan profunda como para enterrar la cantidad de vergüenza, abyección y sangre como cupo en ella después del Golpe; quién iba a saberlo; en qué orgullo iba a crecer tal odio... no en el nuestro; y ya lo ves, creció y nos devolvió a la mierda; cuándo hemos sido otra cosa. Pero verlo... ¡Por Dios, lo que ha sido verlo! Peor que morirse.

Yo no sé lo que pensaba ella. Estaba tan linda con el polo y la pollerita blanca y las tennis. Estaba tan morena y tan seria, me acuerdo muy bien, con ese rostro afilado, casi de muchacho, y el cuerpo menudo también, tan seria mirándome sin decir nada, sólo esperando a que yo le dijera ya para empezar el juego, clavándome los ojos, negros como las cejas, que acentuaban la intensidad de la mirada mientras yo terminaba de atarme las tennis del hermano mayor, los dos solos en la quinta, y a mí me parecía que la tierra entera se estaba estremeciendo de a poco, como si ya pronto se fuera a empezar a rajar, un día ya próximo, y esa tarde ella y yo estuviéramos fuera del mundo y de todo lo que iba a pasar, sólo esa mirada que era como un cuchillo que me estuviera tanteando el vientre pero que también era una súplica, un reto y una súplica fuerte.

Habíamos almorzado afuera, junto a la piscina, los dos

solos. Toda la casa estaba cerrada pero Elita hizo que la mujer que la guardaba improvisara un almuerzo ligero mientras nos bañábamos, recién llegados. Yo me pregunto por qué me llevó allá, qué andaba buscando en realidad, pero quizá sólo fuera que no quería acabar con nuestra historia, como tampoco yo, e intuía que el tiempo y la vida se habían abatido de tal manera sobre nosotros que parecía que asistiéramos a la ruptura con la seriedad y el gesto de un trámite funerario; quizá sólo quería sacarme del tiempo y de la vida, allí, en la casa casi fantasmagórica, con la luz de las vacaciones y las puertas clausuradas.

Lo que persiste en mi cabeza es el ruido seco y perentorio de la pelota golpeando el suelo. Lo escucho y veo su mano botándola y la otra apretando la paleta mientras me mira atarme las cintas de las tennis; pero no era eso lo que miraba, yo lo sabía bien; también el ruido seco formaba parte de su mirada y sonaba donde lo pretendía, en el pecho, marcando el tiempo hacia lo que yo, sin saber por qué, más temía: Incorporarme y comenzar a jugar. Sentía el golpe en el pecho y el miedo en el estómago; era otro miedo, era el miedo que se tiene cuando la inmensidad de la vida se te agarra al estómago; no era a la muerte ni al dolor sino a la vida, a la espantosa fuerza de la vida, que estaba allí, entre nosotros dos.

Nunca fui un buen jugador de paleta, entre otras cosas porque apenas tuve la oportunidad de practicarlo, pero era codicioso cuando jugaba, como todo cuanto hacía con ella, y en la vehemencia del juego me fui dando cuenta que poco a poco me relajaba y jugué aún con más energía. Y ella jugaba con una fiereza tan competitiva que yo debía emplearme a fondo, entregarme en cada golpe. Yo sé que ella lo estaba buscando. Luego, en un momento, tras ganarme un tanto, se detuvo, dejó la paleta y la pelota en el suelo, se sacó el polo y lo arrojó en una esquina de atrás.

Fue un gesto bravo, fuerte. Yo la miré mientras botaba la pelota antes de sacar. Llevaba un sujetador de encaje, medio transparente. Lo que me gustó fue la espalda y la fina cinta que le cruzaba de lado a lado y las dos que la ceñían por los hombros. Pero en cuanto seguimos jugando yo buscaba la pelota pero también la buscaba a ella porque al contrario que yo, ella mostraba su sudor en la piel, un reguero que bajaba por la espalda y también por los costados, desde las axilas, y le empapaba el encaje del sujetador, y luego el sudor le corrió por delante hasta que los pechos duros se llenaron de gotitas y todo el sujetador se le pegó a la piel y era tan excitante verla jugar así, casi furiosa, con el torso inundado de sudor y los pliegues del encaje y el borde de la tira rezumando agua, obligándome a correr de un lado a otro porque sabía que la estaba mirando; pero ella estaba buscando mi propio sudor bajo la ropa, buscando licuarme, y yo la aguantaba aunque perdía los tantos hasta que ella cedió el suyo porque la cinta se soltó de atrás y perdió un segundo, el reflejo, en llegar a la bola y yo me quedé de rodillas, inundado, mientras ella se sacaba el sujetador con un gesto rabioso y lo echaba a un lado, tan húmeda como yo, mirándome nada más hacerlo, esa mirada de cuchillo, esos ojos negros y afilados bajo las cejas negras, los pezones oscuros bailando en sus pechos con tanta decisión como sus pasos hacia mí y luego a un lado, para esperar mi saque. Tenía los brazos en jarras con la paleta en una mano, respiraba fuerte por la boca, se limpió el rostro con la palma de la otra mano y luego el pecho, arrojando el sudor al piso, luego agitó la cabeza y aireó el pelo, dispersando las gotas de agua en todas direcciones. Yo estaba muerto pero la aguanté bien, yo tenía que aguantarla y sólo me limpié la cara antes de seguir, también, porque el agua me goteaba de las cejas y no podía ver. Yo estaba empapado pero aguanté vestido. Ya no me preguntaba en qué iba a acabar, sólo quería aguantar porque me estaba muriendo de necesidad.

Así que volvimos a jugar. Yo traté de pensar en Oscar, en los muchachos, las chicas, no sé, la gente de mi lado, yo sabía que me esperaban, para qué si nadie sabíamos lo que nos iba a ocurrir, lo que iban a ser capaces de hacer los milicos con gente como nosotros, pero quizá lo que pasa es que venteábamos el peligro y nadie iba a ser un desertor, eso es como la sangre, es la tribu, tu gente, los únicos que te van a llorar o a cubrir; por eso el único loco era yo. Era yo.

«¿Pero vos sos ciego?» –recuerdo que gritó. Había golpeado al otro lado de donde me venía la pelota y la vi cómo se me enfrentaba, abriendo los brazos y cerrando los labios, con las ventanas de la nariz plegadas y las cejas prietas, una mirada que ocultó su cuerpo por un instante y me hizo pararme, rabioso, exasperado. Sólo cuando ella se dio vuelta y entreví la energía del movimiento de sus pechos –y al recuperar mi sudor recuperé el suyo– volvió a excitarme. Luego se paseó deprisa, apretando los dientes y la paleta, de un lado a otro de la cancha, junto a la pared de atrás, hasta que soltó la paleta sobre el polo arrugado en el suelo y comenzó a frotarse el torso para expulsar el sudor del vientre, del pecho, de los hombros, de los brazos, hasta que se quedó quieta y alzó la cara al cielo respirando hondo, haciendo brotar los pechos de su cuerpo como dos pequeñas manzanas. Después se volvió hacia la paleta, se inclinó a tomarla y al levantarse se arrancó la pollera y la tiró sobre el polo. Luego se vino hacia mí para continuar el juego. Estaba tan hermosa que me la quedé mirando sin hacer un gesto, prendido por la vista. Ella afrontó mi mirada con la suya, de repente una mezcla de dureza y reconocimiento que yo conocía muy bien de haber estado juntos, como conocía la manera que tenía de teñirse repentinamente de dulzura después, era un camino conocido, era el camino por el que me sentía morir cuando estaba con ella, morir de belleza y de felicidad.

Sólo que yo la miré un segundo porque al otro tenía la vista fija entre las piernas, adivinando otra vez lo que estaba debajo del breve encaje humedecido también, lleno de pliegues sudorosos, y aunque aparté los ojos ella sabía, así que nos seguimos mirando a los ojos otra vez y entonces ella, sin apartar los suyos, con un movimiento justo, se sacó las bragas también por entre las tennis, primero alzando una pierna y luego la otra, sin inclinar el tronco y se quedó desnuda delante de mí, sólo con los calcetines y las tennis. Entonces, cuando botó la pelota y se fue a sacar, por primera vez escuché el chirrido de las tennis sobre el piso y cada uno de los chirridos empezó a hacerme sentir su desnudez por toda la cancha.

Jugaba con ansiedad, con una furia esbelta, con un desplazamiento ágil y seguro, saltando y a la vez basculando en esas nalgas ligeramente abiertas y respingadas, jugaba con un cuerpo lujuriosamente empapado de sudor, entero, abierto, con su musculatura fina y ardorosa; el juego era ella, mientras yo corría detrás de cada bola, todo lo que deseaba era no perder esa pelota y sólo la excitación me mantenía en pie, buscando, corriendo, chocando incluso para ganar, la ropa pesándome como una toalla húmeda. Y de pronto cayó, tropezó y cayó con un pequeño grito y perdió la paleta y la pelota. Estaba mirándose y acariciándose una rodilla con las piernas abiertas, chorreando sudor por todos los rincones de su piel. Entonces, mientras echaba una mirada abajo, al triángulo donde los rizos empapados por los regueros de agua se juntaban clareando el último pliegue de su intimidad, la tumbé en la cancha y me vacié dentro de ella como un animal enfebrecido en un mar de sudor; y luego ya sólo sentí cómo mis pasos me encaminaban a la puerta, al pasillo del vestuario, al golpe de agua helada que me inundó como un golpe de vigor, ahora sí libre del sudor, empapado de una libertad que ya no necesitaba para nada más que para escapar.

«Subí» –dijo–. «Subí. Ya pasó. Subí.» Llevaba el auto a mi lado, a mi paso, así que me detuve. Estaba loco si pensaba hacerme el camino hasta la estación del ferrocarril, pero lo único que yo no deseaba era mirarla a la cara, no quería ver su rostro, sus ojos, sus cejas, los labios finos, nerviosos, la nariz afilada, las aletas tensas, el cuello largo y el cuerpo un poco de muchacho. Pero me detuve y la miré y cada uno nos vimos tan desamparados en la mirada que se reflejaba en los ojos del otro que de repente me entró una pena atroz, por ella y por mí y porque aún estaba sucediendo, porque todo aquello era ya el recuerdo de la última vez, porque seguiría hasta la estación del ferrocarril y después, y seguiría todo mi viaje de vuelta en el tren, y seguiría en los otros días que vinieron después, cuando me metieron en cana y se los cargaron a casi todos los muchachos y cuando este país de mierda también se fue abajo y ella se quedó ya para siempre del otro lado y yo sólo pude vivir para llegar hasta aquí.

Empalmaré el insomnio con la ducha, lo veo venir. Lo peor es el tabaco, no dejar de fumar ni de noche, pero no puedo; mañana estaré sin voz pero no puedo. Después de un hombre, lo mejor es el tabaco. En fin, a otras les da por el alcohol o por la religión, que son más tóxicos. Anda, mira qué graciosa me he vuelto.

He pensado irme a Bruselas. Mucho. Tengo que reconocerlo. No es una tentación, es una solución. Ahí está el problema: que sería una solución. Mira estas manos, esas arrugas en los nudillos; son de llevar ya mucho tiempo usándolos. Sigo teniendo unos dedos finos, largos, de pianista de buena familia, aunque no sea ninguna de las dos cosas, pero esas arrugas han empezado a estropear la línea de los dedos. Es como las rodillas, yo tenía unas rodillas redondas, perfectas, y de pronto se han empezado a quebrar, a hendirse como si se hubieran cansado de soportar mi peso durante tanto tiempo. Qué cosa, el tiempo...

También tengo estrías en la palma de las manos; y mira estos pliegues en los codos. Todo se agranda y se pliega, he disminuido un poquito. No, qué va, es el uso, todo el día doblando dedos, codos, rodillas, abriendo y cerrando las manos... Parece que para vivir hay que estar doblando algo de uno, doblando siempre algo de uno. Sin darte cuenta, además. Deben ser millones de millones de gestos. Creo que voy a hacer más té. Me va a colocar a doscientos tanto té pero ya... ¿Cuántos dobleces hacen falta para preparar un té? No, no los cuento; empiezas con estas tonterías y acabas mirándote las puntas de los pies en un psiquiátrico. Pero le voy a poner limón, un poquito de vitamina C. Hay que cuidarse a esta edad. Andrés sostiene que hay que destrozarse y cuidarse a la vez, vaso de whisky, vaso de vitamina C, vaso de whisky, vaso de vitamina C. Está hecho trizas pero tiene esa buena pinta de los cuarentones con dinero. Lo mio es té, vitamina C, dejar el tabaco y dejar el insomnio. Y dejarme a mí, ya puesta. Andrés se ha convertido en un señor interesante y yo he dejado de ser un guayabo, estos dos trayectos que no se cruzan, sino que se alejan, son caminos opuestos; pero como la vida es dura resulta mejor mantener lo que podríamos llamar un *back to back. Un back to back* matrimonial. Excepto en las raciones de sexo, claro. Me encanta el plan.

¿Por qué he de irme a Bruselas? Aquí tengo todo lo que necesito. No. Aquí pasan los días, mamá, uno detrás de otro, y yo hago mi trabajo, y mantengo un matrimonio, y educo a mis hijas, y no veo a mis amigas porque la mayoría ya no me interesan, y no veo a los amigos de Andrés porque la mayoría son aburridos, y leo por las noches hasta que canso al insomnio, y tengo mis vacaciones laborales... En fin, mamá, yo soy una mujer moderna: ¿Por qué he de irme a Bruselas?

Lo haría sólo por fastidiar pero ni siquiera voy a decirle que existe la posibilidad, que he tenido una oferta real, que me bebí una botella de champán hasta que se me saltaron las lágrimas y no paré en una hora, yo creo que lo lloré todo, que no me queda nada más por llorar. Tampoco es verdad, ahora porque no me apetece, que si no, me estaría otra hora llorando tranquilamente, la mar de bien, con toda la cocina para mí y sin nadie que me moleste. Porque cuando lloras siempre aparece alguien que te ve y se lleva un soponcio, se le parte el alma y tú, debilitada por el llanto, no tienes fuerza para romperle una silla en la cabeza y encerrarte después a seguir llorando en paz; porque el mundo está lleno de idiotas que no comprenden nada, que suponen que lloras por ellos, no de una manera directa pero sí en el fondo, no sé cómo decirte, en el fondo de esa culpa que arrastran desde que nacemos, sólo que ellos no lloran. No entienden ni lloran, qué desastre.

Mamá, ¿estás ahí? Me gusta hablarte cuando no estás. El mundo se ha hecho más ligero, más divertido, pero Andrés está tan cansado... Cuando vuelve a casa está tan cansado que no sabe moverse. Es un cansancio físico pero es un hombre fuerte, no sé cómo explicarte, es como si no alentara; habla con las niñas y conmigo, se ríe, conversamos... pero no cuenta nada. Nada. A veces creo que quiere contar algo pero no puede. No puede. Yo prefiero hacer; hacer, hacer, hacer. Entonces, si las niñas alborotan, yo me exaspero y él las calma, por ejemplo, siempre es un cruce extraño, nunca abrimos la puerta del mismo lado. ¿Sabes cuando hay que respirar corto porque hay poco oxígeno?, como en la pirámide de la luna en Teotihuacán, tienes que concentrarte un poco hasta encontrar el ritmo y acoplar los movimientos porque si no te da una sensación de ahogo. Respiras poco y breve y cuando te acostumbras ya no lo notas. Bueno, esta casa, esta vida, esta ciudad, están muy altas, y entonces tienes que aprender a respirar, eso me hace mucho daño, eso es algo que yo no entiendo bien, que no entra en mi cuerpo, que no es la vida sino un malestar, una enfermedad. No aprendo, como en Teotihuacán. Andrés está cansado y yo respiro mal, mamá, eso es lo que pasa. Yo me bebí aquella botella de champán y estuve llorando por mí, mamá, pero eso no te lo puedo decir.

Bueno, quizá algún día me puedas mandar un mensaje, cuando llegues al cielo. ¿Qué harías tú en el cielo? No te imagino feliz allí. A mí sí, lástima que no exista. No sé por qué, pero sí me imagino a mí misma en un lugar que debería parecerse a lo que nos contaron que era el cielo, sobre todo rodeados de esa atmósfera de fuera del tiempo. Pero no, no sería la ausencia del tiempo lo que me gustase, lo que pasa es que el tiempo nos acucia siempre con obligaciones, marca las rupturas, señala los sufrimientos; el tiempo también nos acusa, nos acusa siempre por lo que no hemos hecho y por lo que hicimos mal. El cielo era un lugar sin tiempo, como la infancia. No sé para qué lo quieres, para qué habrás hablado tanto de él, mamá, si tú no sabrías disfrutarlo. Yo sí, en cambio, pero ya sé que no existe.

La verdad es que el mundo se me escapa. En fin ¿lo he tenido alguna vez, como para que se me escape ahora? No lo sé. Ni una cosa ni otra. Además ¿quién quiere entender el mundo? ¿Para qué sirve eso? ¿Para qué nos ha servido a Andrés o a mí? Y sobre todo ¿a quién le ha hecho algún bien entenderlo, si es que alguien lo ha conseguido? Sí, el mundo se me escapa, se me escaparán las niñas... Estoy harta de entender, cada vez que entiendo algo me doy cuenta de que me falta otra cosa, por ahí se me escapará la vida entera. Lo único verdaderamente firme es la soledad de esta cocina vacía. Ésta es la maravilla: Una cocina en la que poder estar; pero no una cocina para trabajar: eso es lo que siento más cerca del cielo. No estoy bromeando, mamá, hablo en serio; no es una ironía sino la verdad. Y yo creo que me gusta esa verdad.

Escucho una música. Por un balcón sale música. ¿Quién oye música a estas horas? Ah, quién no reconocería esa música. La misa de *Réquiem* de Mozart, ese poderoso granuja, ese dilapidador de talentos. ¿Qué hizo con tantos, el avaro? Un avaro de talentos y un derrochador de bienes, qué horrible combinación. Acaso tan horrible como el misterioso visitante que le encarga el *Réquiem*. ¿Qué hubiera hecho yo? Pero si yo hubiese terminado entonces *La flauta mágica*, ¿por qué diablos iba a aceptar escribir una misa de réquiem? Por dinero. Y la *Clemenza di Tito* por dinero. La misa inacabada, la muerte del avaro. ¡Ese enfermo acepta, compone, se destroza, se pierde! Dinero sobre dinero, vivir, perder, hacer, morir... Todo para satisfacer la abyecta ilusión del conde Walsegg-Stuppach. E incluso ahí el avaro de talentos, el furioso, el desesperado, el maldito genio muere antes de entregar el subterfugio por la esposa muerta. Quizá la muerte protege el talento, la caritativa muerte, acaso asustada ante el poder del genio.

No ante mí, la hija de puta. Pero esa ventana la doblega y yo escucho el *Réquiem*. Suena. ¿Quién abre sus ventanas a esta hora para entregar el *Réquiem* a la noche? Lo matarán. Sus vecinos, sus amantes, la luz, la oscuridad... Nadie excepto él y yo podemos soportarlo. Vendrá la policía municipal, es un escándalo la música a este volumen en la madrugada. Pero ¿qué me importa a mí? Nadie me va a culpar o a castigar por eso, yo me siento en este banco de piedra, me instalo aquí, debajo de no sé cuál balcón, qué me importa, yo me siento y escucho. ¡El *Réquiem*! ¡Que se peleen ellos! Yo escucho. Yo escucho. No me gusta Mozart. Un dilapidador, un borracho de talento, no se puede vivir de ese modo con tal capacidad de crear, la creación es tan distinta de la vida...

Viejo enfermo, viejo acurrucado, mueve esa pierna; no puedes, no alcanzarás el balcón de la música, no volverás a casa si no eres capaz de ponerte en pie, no quiero ponerme en pie, he perdido mi botella de *Black and White,* no sé donde estoy pero creo que sabría volver a casa, el problema es cómo hacerlo.

¿Cómo se puede volver a casa? Se me ocurren mil ideas, la verdad, pero las ideas no andan. Eso quiere decir que yo necesito andar. Quiero andar para tomar un transporte. Puede ser un taxi. No. Es decir, sí. Tengo dinero. Creo que tengo dinero. No sé dónde lo tengo. No lo tengo en mi monedero. Pero está bien. Lo importante es andar. Ando y encuentro un taxi. No es verdad. No quiero un taxi. No encuentro el dinero. No puedo pagarlo. Quiero un transporte. Un autobús. Tengo billete de autobús pero no sé cuál tengo que tomar. Además, ahora recuerdo que ya no hay autobuses. No hay Metro. Hay unos autobuses que se llaman *búho*. No sé dónde paran los búhos. Quizá paren ahí abajo, en Cibeles. Puedo bajar a Cibeles. Estoy seguro de que puedo llegar a Cibeles pero no sé por dónde se va a Cibeles. Esto es un problema, déjame pensar. O puedo dormir, sólo dormir, hasta mañana. Mi botella de *Black and White*.

¿Señorita? Soy poeta. ¿Señorita? ¡Oh! Creo que doy miedo, mi aspecto debe ser lamentable. Claro que ella tampoco era una señorita. Es posible que fuese un travesti, creo que a veces se acercan hasta aquí. Señorita, travesti, poetas... No importa. Yo sé que soy un poeta. Un poeta. Basta. Pero si lo pienso de otro modo soy un mal elegido. No lo discuto, un elegido por la Gracia, un tipo al que la Gracia le ha tocado; eso es un poeta; eso es inolvidable. Pero también sé que no puedo expresarlo. Me ha tocado la Gracia y no puedo expresarlo. Por eso estoy muerto. Hace toda la noche que sé que estoy muerto. No estoy borracho, estoy muerto. Hace veinte años que estoy muerto; es decir, exactamente quince. La Gracia se ocupó de tocarme; después me mató. Qué lástima, tenerla en mí y ser incapaz de expresarla. Por eso estoy muerto. Y borracho. No puedo soportar esta muerte, necesito otra copa. Soy un tocado por la gracia y hace ya de esto... quince años. ¿Para qué demonios querría tocarme? El libro se llamaba *Escrúpulo*, ya no recuerdo nada, hay quince años de distancia entre ese libro y ahora, quince años de odio a la gracia y a la nada. Mi *Black and White* ha desaparecido pero yo sólo he caminado desde el banco hasta la fachada de esta música, de este balcón, no sé qué ha podido suceder en tan corto trecho. Hay que volver a casa.

¿Hay que volver a casa? Sí, sí. Es a casa, a la cama, a dormir. Cuando llega el momento de dormir no se puede perder un minuto, dormir y esperar es la vida cuando te llega ese momento. Luego se puede volver a pensar, a vivir otra vez, ha pasado el hermano de la muerte, vuelve la luz. Por eso hay que volver a casa. Por eso hay que morir también, para resucitar. Volver a casa, volver a nacer, volver a vivir cada día. Sí por cierto, la noche es demasiado pesada, ahora ya no sé lo que va a pasar. Yo sólo quiero dormir. No quiero hablar de mañana sino dormir.

Cochino Diablo, personaje vil y oscuro que te olvidas de nosotros ¿ni siquiera eres capaz de presentarte aquí esta noche? Esa música habla de la muerte y tú quieres vida, yo te cambio la mía por el don de la palabra pero no te interesa, lo sé, una vez que la Gracia entra en uno o bien logras lo que ella te exige o bien tu alma vaga de esquina en esquina como una prostituta. Ni uno sólo de mis versos vale lo que mi alma muerta; hasta el Diablo la desdeña. Mozart, Mozart, ¿dónde estás? La música ha cesado, la noche terminará pronto. No quiero saber dónde me halle el día. No queda casi nadie en la ciudad pero si encuentro a alguno, se asusta al verme y aprieta el paso. Sólo encontraría cobijo entre los mendigos pero ya no me acuerdo dónde los vi. Son horribles y se protegen. ¿Dónde estará mi mendiga? Ella era mi única esperanza esta noche.

Esas voces bien pudieran ser el coro que acompaña al mismísimo Diablo. Será mejor que me esconda, ése no querrá nada bueno de un muerto como yo, el Diablo no es carroñero. ¿O quizá sea la ventana de Mozart? Pero creo que la he dejado atrás, sobre el banco, esas voces vienen de otro lado, escucho muy lentamente ¿por qué las escucho lentamente? No hagas preguntas y escóndete aquí detrás de este seto, maldita sea, me he caído, me he debido despellejar el brazo, estos arbustos, mi chaqueta, me duele el brazo.

Mi chaqueta, creo que se me ha desgarrado la manga, lo que me faltaba, además debo estar lleno de manchas de barro, este suelo está húmedo, han regado ya, han hecho el riego de noche, entonces debe ser muy tarde, tú aquí tirado después del riego de la madrugada, ya están en su casa hasta los regadores. No puedo levantarme, no veo el suelo. Me he podido romper algo, puedo estar inmóvil por la caída, pero el brazo me duele, lo muevo, no es el suelo, son las hojas, a lo mejor si me agarro a las hojas consigo sentarme, mierda de humedad, se me va la cabeza. Cierra los ojos y espera.

Las luces están quietas pero son pares. Veo doble. De todas maneras me muevo, no estoy inmóvil, no creo que me haya roto ningún hueso, tengo la cara húmeda pero no es sangre. Veo la mano desenfocada, casi doble imagen de mano. Vaya, tengo el suelo bajo el codo, ahora me parece que estoy recuperando el equilibrio. Tengo un dolor también, en la cabeza, ¿cómo me he caído?, un dolor sordo, y además se me ha revuelto el estómago, mierda de noche ¿por qué no estaré en la cama? Esa luz me hace daño, esa luz azul está destellando, o no, a veces parece blanca y a veces azul. Mierda, he vuelto a perder el suelo. Ahora me duele más la cabeza, más adentro, el dolor es más duro. Madre mía, que no me haya ocurrido nada. Aquí está el suelo, bajo el codo, el otro codo atrás, ya está, ya tengo el suelo. ¡Esa luz! Me hace daño la luz, no quiero mirarla. Agarra las hojas, tira fuerte, ya estoy sentado. Quieto ahora. Cierra los ojos y aguanta. Estoy hecho un desastre, toda la ropa rozada y sucia, estoy sentado en la humedad, la ropa debe estar hecha mierda, no sé qué voy a hacer mañana. El dolor en la cabeza está vibrando. Pon la mano. Ahora ya. Pero se está metiendo para adentro como un clavo. ¿Qué es esta mancha de la mano? ¿Es sangre? Chúpala. No, es barro, ¡mierda! Las voces otra vez, ¿de dónde vienen? ¡Esa luz! No deja de moverse, ¿por qué destella con tanta fuerza? Me muevo ahora que pasa, la luz, las voces. Ah, me están moviendo, creo que me están moviendo. Gracias a Dios.

Ha salido de la casa. La casa está completamente iluminada pero en la parte de atrás hay una zona de sombra entre el garaje y la leñera que se extiende hasta más allá del cerco de piedra, un hueco de protección. Ha saltado el cerco y luego se ha tirado al suelo para protegerse. Acaba de poner un pie en el lado de la oscuridad y lo siente como el lado de allá, el lado de fuera de la casa, de su casa y de su seguridad. Antes de empezar a rodar hacia el primer matorral le sacude un estremecimiento. Ha tenido que huir de su casa para no encontrarse con los que le buscan y ahora, fuera de casa, donde están la oscuridad y el miedo, ve que la amenaza ha entrado en la casa y él se defiende y se oculta en lo temible; sólo que ahora el miedo y la oscuridad son un lugar más seguro que su propia casa. La amenaza es sucia y sanguinaria, la amenaza vive en lo escondido y él es un ciudadano diurno que vive en una ciudad abierta a la luz del sol. De repente recuerda Chicago: Él va por la Van Buren y súbitamente, como una hendidura entre dos edificios, como un sonido bronco entre dos acordes, aparece un callejón sórdido, un cubil de la peor especie, umbrío, sucio, con tachos de basura y escaleras de incendio ennegrecidas, un reclamo del mundo escondido. Así es como una hendidura lóbrega se abre en su vida y un coche extraño se detiene frente a su casa antes del anochecer. De repente recuerda que a medida que el sol se iba poniendo, los perfiles y los relumbres de la carrocería se iban volviendo más duros; a medida que la luz se iba, brillaba la maldad en la chapa. Cuando cayó la noche, el automóvil se fundió con ella y sólo quedaron unos filos de luz en las aristas, líneas plateadas sobre ese evidente cuerpo oscuro. Estuvo aguardando mucho tiempo a que se encendiera el motor y desapareciese, pero cuando tuvo la certeza de que estaba allí por él, decidió escapar. Ha salido de casa. Está tumbado al pie del cerco de piedra, esperando. Son ellos. Hampa. De donde quiera que vengan son hampa. Son ellos y vienen de allá. Del lado de allá, del lado maligno. Sólo quiere escapar. Todas las ventanas de la casa están encendidas y percibe el resplandor sobre su cabeza. Sólo quiere escapar. Por debajo del resplandor.

Ha empezado a moverse con una lentitud que exasperaría a cualquier ser humano. Es la necesidad la que la hace soportable. Ese codo-tras-codo tiene una tensión particular, una especie de tensión que está metida dentro, que lo impregna todo. Se mueve cuerpo a tierra, reptando y avanzando sobre los codos bajo la protección de la línea de sombra que trazan dos encinas que crecen al extremo del garaje. Ve bien el matorral tras el que espera desaparecer. Cada uno de los segundos es un segundo de vida, un segundo de seguridad. Detrás de todos los segundos está el matorral. Cuando lo alcanza, se oculta tras él con un movimiento rápido y silencioso. Ahora está fuera del círculo de luz que emite la casa.

El viento ha terminado por desgarrar las nubes. La luna luce en lo alto del cielo como una madre. Ha perdido el miedo a la oscuridad porque ahora pertenece a la oscuridad; la luz de la luna le deja ver desde la oscuridad a medida que acostumbra los ojos. Al principio, cuando salió de la casa, no podía evitar la sensación de que en cualquier momento iban a caer sobre él y temblaba. El temblor concibe un horrible miedo al ruido. Primero había que evitar el ruido en una franja de sombra muy estrecha, una franja de sombra entre el resplandor de la casa y el resplandor de la luna.

Empieza a identificar los ruidos, quieto junto al matorral, mientras mira adelante. De pronto piensa que le sirve de mucho su vieja manía de sentarse a escuchar después de la cena, cuando cae el silencio, porque aprendió a diferenciar los ruidos de la noche. Él lo hacía siempre para encontrar lo que había al otro lado del silencio de las noches del verano, los ruidos vegetales y animales, olores y ruidos, los ruidos del viento también. Ahora los reconocía y trataba de distinguirlos de un ruido de alerta, de la presencia de un enemigo; pero tampoco la presencia de un enemigo, simplemente la presencia de algo que está fuera de lugar, que no está en orden con todo lo demás, que está *invadiendo* el espacio de alrededor. No es difícil si el oído está acostumbrado a escuchar los ruidos de la noche; y él recuperaba oído a una velocidad vertiginosa. Los ruidos anómalos disuenan inmediatamente. Hay muchas maneras de chascarse una rama pero sólo hay una que dice: Peligro, peligro.

Había salvado la cerca de piedra en un instante de decisión, un instante impensado y acuciante, un instante cubierto con instinto animal. Luego, protegido tras la cerca, pudo meditar que la caída de una sola de las piedras le hubiese delatado. Ahora ha salido del matorral y avanza, también reptando, entre las carrascas. Piensa que debe tener la ropa destrozada y los brazos despellejados pero no siente nada. Ha hecho todo el trayecto desde el matorral hasta las carrascas reptando y continúa así, buscando la distancia con la casa que le permita ya incorporarse para caminar. Hace todo el camino, lentísimo, cuerpo a tierra, moviéndose como una serpiente. Piensa que si encontrara una serpiente en su camino sería capaz de aguantar sin mover un músculo, esperando a ver si ella se decidía a apartarse o tenía que hacerlo él. Siente el resplandor a su espalda, siente el resplandor de la casa en la nuca pero no quiere volver la cabeza ni detenerse un momento porque sabe que el ritmo de la lentitud ha de ser constante, indudable, una obsesión que sólo va a disiparse cuando su instinto le diga que por fin puede alzarse del suelo y buscar otra manera de seguir avanzando.

Los otros continúan allí, rondando la casa, esperando, tratando de saber qué hace él, qué significan todas esas luces encendidas –piensa–. Ha dejado encendido el televisor también. Es una manera de ganar tiempo. Hace un alto. Quiere estudiar su situación. Quiere ver si puede levantarse ya. Pero primero desearía tomar aire, concederse unos minutos. Entonces se le ocurre que es increíble la capacidad de olvidar el peligro que se genera en el habitante de la ciudad. Los habitantes de la ciudad creen que todo se soluciona porque hay un teléfono a mano y hay alguien que lo descuelga al otro lado y atiende. Ahora, en cambio, sólo queda la supervivencia –piensa mientras jadea–, el estado de supervivencia.

Lo terrible es pensar. Estar dando vueltas a la cabeza, imaginando qué es lo que va a suceder. Eso es como llamar a los fantasmas que están deseando acudir. En una ciudad la gente está continuamente dando vueltas a la cabeza, pensando qué les puede suceder. La ciudad mata. De pronto escucha un chasquido y se pega a tierra instintivamente. Aguarda sin respirar, las orejas tensas hasta el dolor. Después, nada. Se encuentra bajo las sombras de las carrascas, en el bosquecillo de carrascas; la luz de la luna se posa en las copas. Cree que puede levantarse y andar bajo el bosquecillo y se pone en pie, camina unos pasos. Espera. Da otros pasos. Conviene tener cuidado –piensa–; pero el resplandor de la casa ya lo vislumbra sólo a través de la enramada. De pronto le parece muy corto y muy largo el trecho que ha recorrido reptando sobre sus codos. El solo hecho de caminar le produce alivio aunque se detiene porque no quiere descuidarse. Sólo está dispuesto a hacer el camino cuando pueda concentrarse en los ruidos de la noche tanto como lo hacía cuando se arrastraba.

Empieza a pensar hacia delante. Cuando salga del bosquecillo tiene que recorrer un tramo de campo descubierto, atravesar otra pequeña, minúscula formación de encinas rodeadas de matorral, y enfilar un sendero que lo lleva en apenas cien metros a la carretera de entrada al pueblo, a la luz de la primera casa. ¿Puede haber luz sobre el sendero? No recuerda. Con seguridad, el terreno en descubierto no es visible desde la casa, de manera que no pueden localizarle al cruzarlo, salvo que le estén siguiendo; pero no le están siguiendo. Entonces no importa que luego haya luz sobre el sendero. Después de la primera hay una línea de farolas, hay aceras y más abajo, en la primera curva, está la Residencia. Aprieta los puños y piensa que va a conseguirlo. Piensa también que si fuera un sólo tipo el que le busca, si tuviera esa certeza, quizá se habría atrevido a hacerle frente. El miedo ha bajado y ahora no le gusta escapar como lo está haciendo, pero lo cierto es que lo peor está vencido. Sí, le habría hecho frente. Además, por eso tiene el cuchillo.

Descubre que está apretando el paso y se detiene otra vez. No puede permitirse esa exultación. Tiene que olvidarse de pensar y dedicar todos sus sentidos, todo su cuerpo, a avanzar y escuchar. Quizá la protección del bosquecillo y la caída en pendiente le perjudican, tiende a pensar al mismo tiempo que avanza. No puede ser.

Pero, ¿y si los hombres del automóvil son policías? Policías que aguardan una señal o simplemente vigilan. Policías que andan detrás de ella... —Si supieras que son policías no hubieras cogido el cuchillo, amigo —se dice.

Entonces recuerda las formas del coche en la noche, los brillos de las aristas y los embellecedores; le parece que es un modelo muy antiguo, un modelo de hace años, uno de esos automóviles antiguos y redondeados de los años cincuenta. Pero no puede ser, ahora le falla la cabeza. Recuerda los brillos y las aristas y la oscuridad y la malignidad que emanaba del coche vacío que lo miraba fijamente con sus dos faros redondos y apagados y piensa en la oscuridad porque la oscuridad le rodea y de pronto siente que quizá es la oscuridad la que lo está siguiendo y los otros no hacen más que esperar a que ella les avise, a que señale sus huellas para saltar del coche donde están recostados y bajar a la carrera tras él a través del bosquecillo, sombras que se deslizan entre los troncos pisándole los talones, y siente un escalofrío y empieza a apurar el paso a la vez que a perder los sonidos de la noche y sólo escuchar los latidos del miedo y de repente echa a correr como alma que lleva el Diablo porque ahora es sólamente el tiempo el que lo puede salvar.

La verdad que el tiempo se la pasa alimentando a la memoria, sin perdonar un día, de manera que los últimos años he estado haciendo un ejercicio de despojo de la memoria porque yo ya no quiero al tiempo. En algún lugar leí que sólo somos la memoria de los que somos. Bueno, ahora yo estoy empeñado en borrarla, la cuestión es si me alcanzará a hacerlo antes de que la muerte me agarre. Por eso pienso a veces en el último recuerdo. A veces pienso que será el de Elita, pero es porque no sé si fui cobarde o fui valiente. Lo que pasa es que si es ése el que me alcanza al final entonces sabré. Ahora estoy borrando. Uno también puede elegir el olvido. La gente va a pensar que es un asunto de retirada, que yo me rajo de todo lo que me sucedió pero no es verdad, yo sé que es un acto de supervivencia. Yo no puedo vivir con esos recuerdos. A veces uno tiene la tentación de quedarse por lo menos con los más lejanos, los de cuando era niño. Luego no, porque allí en la infancia fue donde se criaron los miedos con los que hemos vivido desde chicos, yo por lo menos, y eso es atroz, es lo peor. Uno no se da cuenta entonces, claro, por eso se quedan tan adentro. Lo mismo no se van nunca, uno ni sabe que los guarda y tampoco sabe luego de dónde le viene esa noche de angustia, esa manera de estar perdido, *en el fondo de un pozo sin fondo,* como decía Onetti, sólo ese hueco de pronto, esa ausencia que es como si te abandonara el alma, uno sabe.

Por eso es que a la soledad se le acaba cogiendo cariño, creo yo. Uno no la ama, lo mismo que sucede con la vida. A la vida se la adorna, se la representa, se la colorea, qué se yo. Entonces uno cree que la ama, por favor, qué locura. No hay amor a nada que fluye lo mismo si existes que si no, que jamás pierde un segundo en echarte una ojeada, que no sabe quién eres ni por qué andas en medio de ella. La vida está y punto; uno sólo anda por ella. En cambio la soledad sí que es tuya. Yo no digo que se la ame, pero es tuya, es otra cosa. A lo mejor no te pertenece pero te acompaña. A la vida le importa tres huevos lo que hagas... Y, bueno, yo a la soledad no la amo pero la entiendo, es otra cosa.

Eso es verdad. No me gustaba, cierto, pero ha llegado a gustarme, especialmente cuando creí que no tenía otra cosa a la que agarrarme. Ahora ya no me hace falta, pero la tengo. Todo esto es como una pieza de encaje, tan delicada que parece que se te va a rasgar en cualquier momento. Lo que pasa es que para irse afuera primero hay que estar solo, hay que buscar un estado de pureza que sólo se alcanza a vislumbrar por medio de la soledad. No es místico el asunto porque afuera, al otro lado, no hay nada, no hay Dios ni nada parecido. Yo no sé en realidad qué es lo que hay, sólo lo siento, siento que debo ir ahí, seguir ese rastro incorpóreo, intangible, acaso también intemporal pero ahí ya no estoy seguro. Y tampoco es verdad que no haya nada. Lo que ocurre es lo mismo que la tortura: Cuando te sobrepasa el dolor ya no hay dolor, hay otra cosa, lo mismo que entrar en otra dimensión y, aunque parezca mentira, uno se libra de su cuerpo porque se va al otro lado de lo que puede aguantar; pero aguanta vivo, no sabe cómo. Es un sufrimiento tan grande que al final sólo se produce una ausencia de sufrimiento. A veces me recuerda lo que decía mi madre de la santidad. Pero ella murió cuando yo estaba en cana.

Tampoco quiero acordarme de los muchachos. Total... los borraron como si fuera un paisaje pintado. Yo tengo que borrarme también; me borré allá y me borraré acá, con los vivos y con los muertos. Desapareció una manera de vivir, no ninguno de nosotros en particular, qué le va a hacer. Es la vida. Ahora yo sé que es la vida, no más. La puta vida.

Lo que pasa es que un día empiezan a suceder tantas cosas que al principio uno no se da cuenta, se las aguanta como puede y se agarra más y más a todo lo que es de uno, a todo lo que cree, para que no se lo lleve la corriente. Entonces resistes lo que sea, medio esperanzado y medio entregado, según los días, según las cosas. Luego, cuando la pelea, o lo que sea eso, la paliza tal vez, se acaba, es lo peor. Uno se queda lamiéndose las heridas, entonces ve; entonces es cuando puede echar la vista alrededor, no para escapar solamente sino para mirar, y también ve. La verdad que yo no huyo de los recuerdos, huyo de la mentira que son esos recuerdos porque en realidad son el recuerdo de la mentira, del engaño, de todo ese orden que, cuando decidimos descifrar el mundo en vez de acatarlo, lo construimos, lo edificamos y ahora lo estoy viendo en el suelo porque nos vendieron los materiales podridos, porque ni los fierros, ni la madera, ni el cemento, ni los clavos siquiera eran buenos, aunque los pagamos con la vida, no con la puta vida, sino con la nuestra, con nuestro paraíso, con toda el alma. Así que ya no quiero los recuerdos, ya nunca voy a usarlos.

Porque, además, guardarlos sería como acabar igual que esos tipos que se reunían al caer la tarde en el largo porche del Hotel Littlejohn, haciendo espaciados silencios antes de cada pregunta, como si les gustara separar cada pregunta y cada respuesta para cansar al tiempo antes de volverse a sus casas. Yo me haría preguntas y tardaría en contestarlas, y mientras las hacía y mientras las contestaba estaría balanceando en la memoria los recuerdos como un viejo balancea el cuerpo en una mecedora, que no se sabe si está pensando o se está muriendo. Hablaríamos así: «¿Te acordás qué mierda de tornillos que nos dieron?» O: «Yo ya dije que la pared reventaría antes de que alcanzáramos a cubrir el techo»; y mientras tanto extenderíamos los recuerdos alrededor de esas conversaciones, pero sin hablarlos, en los silencios. Nadie puede soportar eso mucho tiempo sin pegarse un tiro; si tiene una cabeza que le permite entender, no puede soportarlo. Imagina; lo peor no es que se te cayera la casa, lo peor es que se te pudrieran también las razones por las que la levantaste, ¿no ves? Yo ya no quiero ni la venganza. ¿Para qué, si el problema es que no sé cómo demonios seguir viviendo? Yo necesitaba creer en las cosas para poder hacerlas. Por eso no hago nada. Por eso olvido. Por eso se va a fundir mi país.

Pero bueno, ya sólo me quedan unos pocos recuerdos, quizá logre acabar con todos. Me gustaría saber si entonces uno se convierte en un autómata o algo así, o más bien si es como volver a nacer, todo limpio, ya para aguantar hasta que te llegue la muerte y chau, como una vejez inocente. He visto demasiado y no quiero morir, así que me estoy despojando, me desnudo de todo, hasta los recuerdos, lo que entró por los ojos, por los sentidos, lo que almacené, todo; porque todo está contaminado por el engaño, los momentos más intensos, el amor, la niñez... A veces pienso que debería guardar algo de cuando era chico, no sé por qué, más parece una nostalgia, pero es más fuerte que el engaño; también alguna noche de amor; para tenerla ahí no más; a lo mejor porque no hubo engaño, porque al final fue más firme que todo lo demás, esas cosas no te las pueden vender porque si uno vive una noche de amor, aunque sea con la encarnación del Diablo, nunca dejará de haber sido una noche de amor. La mina te puede llegar a convertir en un mamarracho, en un tirado, en la pura mierda. Pero ni ella puede impedir que haya sido una noche de amor.

Yo creo que hay que ser valeroso para hacer esto. No es fácil. Consiste en ir cerrando uno por uno los mecanismos de la memoria. A veces uno llega a desesperar. Otras veces aparece algún imbécil que hace frases y pretende convencerte de que la memoria es más fuerte que el hombre y que siempre habrá un momento en que se abra otra rendija. Se deben creer que la memoria es como el sauce, que te levanta el piso del patio cuando extiende las raíces. Pero es pura psicología, si uno empieza por convencer a su mente de que debe olvidar, al final es la propia mente la que se ocupa de ir cumpliendo el encargo. A veces funciona contigo y otras sin ti, sin que te des cuenta; cuando asimila el encargo no hay más que dejarla hacer. Yo confío en eso. Quizá algún día yo quiera revolverme, quizá me tiente volver a agarrarme a algo, pero si he conseguido inocularle la orden, y yo creo que lo he conseguido, habrá olvidos irreversibles. Lo único que no debo olvidar es por qué empecé con esto, aunque si lo olvido quizá sea porque ya es el final, porque ya no queda nada, yo esté desnudo y la vida ya no sea más que el espacio o el tiempo desnudos. Quizá lo que más se parece a ello es la santidad. Pero yo aspiro a ser tan indiferente como la vida. La vida no es compasiva o cruel, es la vida, transcurre, eso es todo. Yo sólo quiero transcurrir con ella. Yo soy un accidente, cierto. No quiero ser más. Quiero asumir eso. Por eso mismo yo no moriré: Desapareceré. Como un accidente.

A veces pienso que Andrés me ha cambiado por la casa; por la casa de El Árbol. Me ha dado el cambiazo en mis propias narices. A lo mejor hubiera podido aguantar algo verdaderamente fuerte, no sé, que me pusiera los cuernos con otro hombre; pero lo de la casa es tan perverso que ni se me había pasado por la imaginación. Ahora es la casa su gran amor, yo creo que se la tiraría si pudiese; bueno, tampoco es verdad, si se la pudiera tirar ya no le haría tanta gracia, sobre todo al cabo del tiempo. Yo creo que, en realidad, lo que es esa casa es una calientapollas y él un narciso. Ahí no puedo luchar, es una *liaison* invencible.

Y el caso es que le tengo cariño. No sé qué clase de cariño pero cariño. Como a un perro, más o menos; un buen perro, eso sí. Ésa es mi debilidad, y por eso primero me lo quitó la mala puta esa y ahora me lo quita la casa. La casa es de tejado pelirrojo a dos aguas, qué cruz. ¿A qué se deberá la pasión de estos ancianos cochambrosos por las pelirrojas?, sobre todo a esa edad, cuarenta años, la edad de los muertos. Yo creo que es ya lo único que les queda de rojos, el pelo de Amanda. Y al menos a Andrés le atacó el mal a una edad menos avanzada, bien que a mi costa; pero ahora, recién amenazados por la artrosis, cargados de urea y cuando apenas les bombea el corazón, les ha entrado a todos un ataque de lujuria con las pelirrojas. ¿Por qué no me habré teñido de pelirroja? No me lo digas, ya imagino por qué, no hace falta que me lo digas. Borra.

De todas maneras creo que estoy acostumbrada a perder a la gente. Perdí amigas, perderé a mamá, o la perdí, perderé a las niñas... Al único que no perderé es a Andrés, por lo menos físicamente. Ya no va a irse de casa; puede que se vaya con otras pero no de casa porque está muy cansado, hay algo especial en ese cansancio, algo que me dice que es el último, el que te deja fijo hasta la muerte, así que hasta entonces se quedará en casa y luego tendré que enterrarle. Entonces lo habré perdido todo.

La vida es así. Hubiera sido buena cosa saberlo antes. ¿Lo sabía mamá? Ella o papá, uno de los dos, lo sabía pero no dijeron nada. Es lógico. ¿Se lo diré yo a Livia o a Claudia? ¿Cómo se lo voy a decir, válgame Dios? Hay que ser una hiena para revelar eso a una muchacha.

Duermen como dos troncos, qué felicidad. Yo dormía igual que ellas. Una debería ser feliz cuando está con sus padres. Luego... Luego tiene que ser madre y procurar la felicidad de sus jóvenes crías. Esperar a que se vayan y, después, empezar a recogerlo todo, con mucho cuidado, con mucho detalle, como si empezara a recoger y doblar toda su vida. Entonces, ya, sentarse y esperar; esperar que vuelvan de vez en cuando, que cambie el tiempo, que no nos abrume el trabajo, cosas así; en realidad, esperar a que pase el tiempo. Pero aún no es mi hora, todavía tengo que ocuparme de su felicidad y además, quién sabe, quizá me dedique a hacer cosas; nada en especial, cosas, ya veré cuáles, ahora no puedo hacer una lista. Quizá me ayude Andrés, si no se queda mirando al techo o a la pared de enfrente pensando en su vida después de la jubilación. Hay mucha gente que vuelve a las cercanías de su lugar de trabajo después de jubilarse, después de levantarse a tener todo el día por delante, y lee el periódico en el banco de enfrente, o en el mismo hall de la empresa, ocupando las butacas destinadas a la espera. Todos los días.

Recuerdo cuando pusimos suelos de linóleo en la cocina y en los baños. No teníamos una perra y nos repartíamos el trabajo. Andrés no sabía cocinar, conque fregaba como un loco; no fregaba muy bien pero fregaba, eran los tiempos en que funcionaba el principio de la división del trabajo. Fregaba el suelo y fregaba los cacharros, pobre, cómo éramos entonces; cómo éramos hasta que llegó el primer lavaplatos; todo empezó a cambiar con la entrada en casa del primer lavaplatos; todo empezó a ir muy de prisa; todo el país empezó a ir muy de prisa; eso lo veo ahora, claro. Además, perdimos los años que se fue con la mala puta esa pero da lo mismo porque a todos nos llevaba la corriente en la misma dirección, hacia el mismo desagüe. No estábamos en el mar sino en una bañera, qué ridículo, madre mía. Pero a quién le importa eso ahora.

Esta cocina, en cambio, está bien y la limpia la asistenta. Ahora se puede estar en las cocinas, estar como en un cuarto de estar, quiero decir, con el periódico extendido encima de la mesa, un té, unos cigarrillos, las niñas entrando y saliendo... La cocina de la casa de El Árbol es otra cosa, no acoge de la misma manera. Le gusta más a Andrés, que se dedica a la fabricación frenética de patés y mermeladas. Los hombres son unos maníacos indestructibles. El de la casa de al lado es un experto pastelero. Cuando los dos se intercambian hazañas me entran unas ganas neuróticas de enchufarles la manguera.

Y encima una vez tuve una aventura con él. Yo creo que las mujeres somos tan tontas que habría que darnos un premio, por tontas. Pero, en fin, a lo mejor es una cosa ovárica, tontas ováricas, por ejemplo; tontas de soledad, también; o tontas de ternura, eso sí que es lo peor, la clase ínfima, las tontas del bote. Hay cosas en la vida que no solamente las haces y te arrepientes sino que las vuelves a hacer y luego te sientes la más feliz de las reinas de las tontas. Bueno, no merece la pena cabrearse, es la vida. La vida también tiene otras compensaciones, como ser madre de dos futuras tontas; lo único que me consuela es saber que éstas no se van a acostar una noche con el vecino de al lado; por lo menos con ése, no. Un alivio.

En fin, pobre Andrés, le he tenido aquí una hora sin decir palabra hasta que se ha largado a la cama. Venía con una tajada respetable, por eso se ha quedado callado y mirándome. Venía buscando guerra, evidentemente, siempre que se siente culpable le pasa lo mismo, pero yo, imperturbable; me he leído entera la cartelera de Madrid y hubiese sido capaz de leer uno por uno todos los anuncios por palabras. Si pensaba que iba a levantar la vista del periódico, iba dado. Yo, cuando quiero armarla, la armo. Hace mucho ya que no tengo ni ganas ni energía; pero eso de quedarte mudo buscando la bronca ya he aprendido a soportarlo, así que: Que le den bola. Mañana todo olvidado, como siempre, como si no hubiera sucedido. Ahí está durmiendo como una marmota mientras yo entretengo el insomnio en la cocina. ¿De dónde demonios me viene a mí ser insomne? Toda la vida he dormido como un leño y ahora... Después de nacer Claudia empezó el insomnio pero ahora ya no sé si es el exceso de tabaco, los nervios, la oficina, Andrés o todo a la vez. Será todo a la vez porque yo siempre he sido muy ambiciosa.

Andrés tiene su casa y sus niñas que le adoran, porque las niñas adoran a los padres y no a las madres; a las madres sólo las quieren; las niñas le dan poco la lata, sólo son divertidas, es una suerte; si hubiera un chico habría que preocuparse más, es otra responsabilidad, ya sabes; sí, pero yo tendría encantada un niño con un buen complejo de Edipo que ya me ocuparía de fomentarle bien...

Enciende otro cigarrillo, estúpida. Tengo la garganta al rojo vivo. Es igual, enciéndelo. ¿Qué pasa esta noche? Nunca había aguantado hasta tan tarde, a lo mejor estoy reteniendo la noche para que no llegue mañana. Estúpida, estúpida. Dentro de nada empezaré a hablar como mamá. ¿Me oyes, mamá? Ahora es cuando no quiero verme ni saber que soy como ella, que me estoy pareciendo físicamente a ella y que todo mi camino por la vida ha sido llegar hasta aquí, hasta ella. ¿Sabe que no lo puedo soportar? No sé si lo sabe; ese rostro ligeramente inclinado por una dolorosa comprensión, esa manera de estar siempre en el borde de las cosas como una advertencia permanente a los demás, esa resignación hercúlea con la que golpea sin piedad... yo debería ser mi hermana de vez en cuando, soportarla un poquito y luego volver a ser yo. Pero ni eso, no puedo hacerlo, no puedo soportarla y no me dejaré intimidar, no quiero llegar a ser como papá, haciendo gestos a sus espaldas como un pobre diablo. Pero te estás pareciendo a ella y vas a tener que huir de los espejos, Isa. Pobre Isa, pobrecita. ¿Te acuerdas cuando caminabas por la casa, de noche, en camisón, bajo la pequeña luz del pasillo, y llegabas hasta la puerta del fondo, hasta la raya de luz, y no te atrevías a entrar pero decías siempre, pegando la boca a la raya de luz: «Mamá. ¿Estás ahí, mamá?»

Ha enterrado la hoja del cuchillo en el suelo y acaricia el mango firme y vertical. Está con una rodilla en tierra, en actitud de espera. Inclina el tronco hacia delante, apoyando el brazo izquierdo en la otra pierna y mantiene la cabeza alta, atento. La mano derecha acaricia constantemente el mango del cuchillo hundido en tierra a su lado mientras observa con atención lo que hay delante de él: Un grupo de cinco encinas rodeadas de matorral, un sendero que desciende hacia la carretera, la tapia de la primera casa del pueblo, un farol adosado a ella que ilumina hasta la mitad del sendero. Después sigue el pueblo, pero él ahora no mira más allá de la tapia de la primera casa.

Está mirando el matorral porque ha presentido la sombra que acecha tras él. Respira hondo y luego apoya las nalgas en el talón del pie derecho. Ahora ya no siente una presencia malvada, como en el automóvil, sino un enemigo. Ahora ya sólo siente el hueco del miedo pero está conteniendo sus nervios para poder continuar escrutando la frondosa masa de matorral que bordea las encinas. Ha llegado al final y allí lo están esperando. Ellos aguardan a que él se mueva. Él sabe que tiene a uno de ellos escondido enfrente, tras el matorral, pero no sabe cuántos vienen por detrás. Una sensación de desnudez le descubre la espalda pero no mueve un músculo, no aparta los ojos del frente, no deja de acariciar el cuchillo. Sabe que no le van a matar por la espalda, que el ejecutor está delante de él, que sólo tiene que alzarse, avanzar y atacarlo; entonces aprieta firmemente el mango del cuchillo para darse valor.

Pero hay una voz: «*No vas a morir. Ésta es tu historia.*» La soledad es total en la noche. «*Eres el dueño de la historia.*» El hombre entrecierra los ojos en un intento de penetrar la línea de luz y sombra que señala los contornos del matorral en busca de la forma del ejecutor. Sabe que está ahí pero que también es una parte de su imaginación y no puede decidirse, no puede elegir, el cuchillo es inútil, lo abandona y se pone en pie. No siente el miedo a su espalda pero sí al frente porque su certeza es tan fuerte como sus sensaciones. Quiere avanzar. «*No puedes morir*», dice otra voz en su oído. De pronto todo cesa. Sabe que va a avanzar. Aún no ve al otro pero sabe que va a morir. «*Despierta*» –dice una voz en su oído–. «*¡Despierta!*» Tiene las manos desnudas, fija la vista en el sendero. De repente salta; salta y echa a correr ciego y sordo, como una exhalación, hacia la luz de la tapia. Entonces la luz se apaga y el ruido de un disparo se pierde en el interior de su cerebro.

¿Voy a poder, por fin, con este insomnio? Puede que no, pero estoy muy cansada. Siempre a destiempo: No tardará en amanecer y no soporto un solo cigarrillo más, no creo que pueda volver a encender uno hasta el mediodía, qué voy a hacer, entonces. A veces lo consigo y puedo estar sin fumar un día entero; me gusta, me siento bien, es como asomarse a la ventana. En fin, la única manera de quitarse el cansancio de encima es meterse bajo la ducha y dejarlo escurrir. Dentro de un rato, cuando se levanten todos, me encontrarán hecha una señora, salvo por las ojeras. Una vez escuché una voz a mi espalda, en un café, mesa con mesa, una voz de hombre, un poco confidencial, que estaba diciendo a otro: «...la encontré cansada, con los años en la cara, pero a la media hora de estar hablando con ella me parecía tan atractiva...». Creo que daría media vida por saber que lo dijeron de mí alguna vez, con estas mismas ojeras y ese gesto de cansancio que a veces te traiciona a lo largo del día. Un cuarto de vida solamente, ya no puedo hacer esas promesas tan alegremente. Pero recién levantados les pareceré una estrella, quizá me aproveche de la situación. Quizá debería haberme aprovechado antes de Andrés; porque antes, cuando me levanté, tenía una erección tremenda. Estaba quieto como una piedra, una mezcla muy rara, ahora que lo pienso; había algo anormal, casi monstruoso, en esa actitud. Me despertó del todo. En fin, borra esas cosas. Si esta cantidad de tés no me dispara la tensión me quedaré amollada como una toalla. Ah, relajarse, qué tarde se me ocurrre; eso es un baño caliente, sí... Un baño muy caliente. Lo mismo me duermo y me ahogo, pero si no, a lo mejor me mete en la cama por las horas de sueño que quedan; soy capaz de aprovechar dos o tres horas de sueño como si fuesen ocho. ¿Qué te parece?: Ahora lo dejo todo y me dedico al sueño. Soy una veleta. No tengo voluntad.

EPÍLOGO

La misma luz en el espejo, perlina y plomiza a la vez, oprimente; la luz del aeropuerto. Recuérdala. Parece otro espejo. Auschwitz. Este espejo es como un amanecer helado, hay una hoja de afeitar sucia y gastada rodeada de jabón seco, hay una luz enfermiza, hay un olor a humedad y óxido. Auschwitz. Mira al espejo. ¿Dónde he estado esta noche? La luz del aeropuerto está aquí.

No voy a encender la bombilla, no soportaría la depresión de estar bajo la luz amarilla de la lámpara del techo. Esa luz que entra por la ventana es horrible, es pálida como la muerte. Cuando se junta con la luz eléctrica es como un aire cerúleo el que te rodea. Esa luz de afuera es la misma luz –la primera del alba– que ayer en el aeropuerto. Ayer estaba allí y hoy aquí. No soporto este lugar entre dos albas mortecinas y heladas. Tiene la luz del frío.

Estás ante el espejo, comido por el sueño. ¿Qué esperas? ¿Nada? No espero nada. Despertar solamente. Este rostro macilento es el mío. Puedo estarme mirando a los ojos sin verme, una o dos horas, hasta que se levanten Isa y las niñas. Me gustaría quedarme aquí, en pie, dormido en pie, como si me sostuviera en pie mi distancia con el espejo, como si sus ojos y los míos nos aguantásemos el peso del cuerpo, esos ojos que miras.

No quiero saber dónde he estado. No quiero saber dónde he estado esta noche, dónde he entrado, de qué he salido, quién era yo, entonces, dónde, qué ha sido de mi cuerpo esta noche. No quiero saberlo. No quiero contarlo. No quiero oír a nadie una sola palabra sobre esta noche. ¿Pero a quién? Estoy en el baño porque he abierto los ojos. Los he abierto, de pronto. Recuerdo un estupor más fuerte que la alegría, que la sorpresa, que el alivio, pero no lo recuerdo, fue un segundo, dos segundos. Sólo me acuerdo del llanto, esa manera de llorar, tan larga, tan imposible de parar, he tenido que venir aquí para no despertarla. Oh, Dios mío, hasta que he conseguido parar...

Ésta es mi cara. Ha aparecido en el espejo acompañada de un gemido, un clavo en la nuca que te muestra su longitud como un dolor. Siempre está en espera. Es dañino de tarde en tarde, pero es austero. Está hincado en Madrid, Clínica San Valentín. Una depresión devastadora. 1976. Ésta es mi cabeza. Ahora no tengo depresión, ni abandono, ni tratamiento, ni dolor. Sólo estoy yo. Mírate. Qué luz tan gris, tan funesta. Es la luz de un desamparo. Es una aurora terrible que entra por el cristal esmerilado como una profilaxis para la muerte. Estoy sudando, de repente. Detén tus lágrimas. *Campanilla azul, compadéceme.*

Mira bajo los ojos, esos abultamientos cárdenos. ¿De cuándo son? ¿Año 75? ¿Año 80? He perdido la cuenta. No recuerdo cuándo comenzó a acumularse ahí esa protuberancia de mi vida. Mira las estrías de la piel cómo asoman a la luz del alba y rodean tus ojos, se alejan hacia las sienes o se van por los pómulos abajo. ¿De cuándo son las estrías? ¿Año 73? ¿Año 81? Y esas líneas horizontales de la frente. ¿Producto de la reflexión, quizá? Quizá arrugases la frente antes; ahora ya no las sientes, cuando piensas o te preocupas, esas líneas.

Sacude esa cabeza turbia. No atiendas al cabello, que se ha llenado de grasa y está retorcido en formas inverosímiles. ¿Acaso te movías en esta noche horrible? ¿Inmóvil? Mira la cara, el globo de los ojos enmarcado en rojo. Mira los labios secos, de color ceniza como la luz, la piel rota dos veces, he debido respirar por la boca mientras estaba en la cama muerto como una piedra.

He vuelto a estar muerto. Igual que cuando cayó mi hermano al agua pero esta vez sólo, yo sólo. Pero no quiero. No quiero hablarlo. Tienes la cara blanca y los labios se han vuelto blancos también. Tienes toda la cara de un color terroso, un color terroso de tierra blanca como albariza. Apóyate en el lavabo, a lo mejor es un desmayo pasajero, una bajada de tensión. ¿Tú reconoces esa palidez? Es la luz de ceniza, olvida ese aeropuerto, no viajaré más. Estoy débil; puedo sentarme en el retrete; no quiero. No quiero empezar otra vez, olvida el aeropuerto, mata esta luz, cierra los ojos, vuelve a la cama. No. No.

¿De cuándo es este color? No es el color del miedo sino el de la muerte. Entonces tiene que ser reciente: ¿Año 83? ¿Año 85? En cambio, el color del miedo es como el de tu alma, nunca lo ves de verdad pero un día te miras y sabes que lo llevas en la cara. No es éste. ¿De cuándo son estos párpados tan viejos, tan plegados? ¿Año 70? ¿Antes, quizá? ¿Años sesenta? No, no puede ser, ésa era la juventud; sí, pero estos pliegues son hendiduras del tiempo más largo, de un tiempo tan viejo como el cansancio. No hay manera de encontrar fechas. Cuando te atrapa el cansancio sientes que está ahí desde siempre, sin memoria.

Pero despiertas. Mira con la claridad. Mírate los ojos, mira lo que tienes delante, en tus ojos y en sus ojos. Miraos los dos. Mirémonos. Cuándo llegará la otra luz. Seis y diez minutos. Siento un canto de dolor. No lo escucho, lo siento. Un soniquete lastimero. Desaparecerá. Lo trae esta luz. Que se vaya con ella. Es una luz cancerosa.

Es pronto. Primero un café. Después el aseo. En seguida voy a la cocina. No. Estará sucia, triste y llena de restos muertos. La luz no está muerta; es fría y cruel como el alba; es atroz como mi cara comida por la noche y el sueño. Esto que tengo delante es el pasado. Mirémonos. Todo lo que tengo delante es el pasado y lo que tengo detrás es el futuro. Así que ahora empiezo a tener tierra en la boca. Porque estoy avanzando hacia el pasado y retrocediendo hacia el futuro. Eso es muy fácil de entender. ¿Olvidas Auschwitz, Colonia, My Lai, Tlatelolco? Me canso y odio, pero no quiero hacerlo. Morí entonces, cuando era glorioso hacerlo; después continué viviendo. Morí con mi hermano; continué viviendo. He vuelto a morirme y vuelvo a mirarme ahora, a la claridad del frío y en la enfermedad de la luz que llega hasta el espejo. Ahora ya no es el gran tiempo sino el pequeño tiempo, el que regresa y se achica. Ya no queda gloria. Sólo es esto, sólo es así. No sé cómo ha sido. Avanzar es un error. Retroceder es un error. Sólo es esto, sólo es así. Estás listo. Todo está listo. Así es la luz. *Ego te absolvo*.

Madrid, Villaviciosa, Saint Brice, Gandarilla, 1988-1990